놀면서 익히는 중국어 秘書!

중국어 회화

기초편

파일 ①

놀면서 익히는 중국어 秘書!

중국어 회화
X 파일 ① 기초편

인쇄일   2017년 2월 20일
발행일   2017년 3월 10일

저 자   김성민, 이명순 공저
발 행 인   윤우상
총 괄   윤병호
책임편집   최다연
북디자인   Design Didot 디자인디도
발 행 처   송산출판사
주 소   서울특별시 서대문구 통일로32길 14 (홍제 2동)
전 화   (02) 735-6189
팩 스   (02) 737-2260
홈페이지   http://www.songsanpub.co.kr
E-mail   songsan1@korea.com
등록일자   1976년 2월 2일. 제 9-40호

ISBN   978-89-7780-237-7 14720
         978-89-7780-236-0 14720 (세트)

놀면서 익히는 중국어 秘書!

중국어
회화

기초편

파일 ①

김성민·이명순 공저

송산출판사

머리말

'첫 단추를 잘 끼워라'는 속담같이 중국어를 배울 때도 시작이 아주 중요합니다. 특히 중국어 문법은 규칙적이지 않기 때문에 설명이 잘 되어있는 좋은 교재를 선택하는 것이 효과적으로 중국어를 배울 수 있는 방법입니다.

'적은 노력으로 많은 성과를 올리기' 본 교재는 한국인 학습자들의 입장을 고려하여, 한국인으로서 중국어를 표현하는 능력을 키우고자 하는 목적을 가지고 기획되었습니다. 이러한 목적을 이루기 위하여, 모든 회화의 상황설정은 한국인들이 이해하기 쉬운 일상생활 회화 위주로 하였으며, 그 상황에 맞게 중국어의 가장 기본적이면서도 사용빈도가 높은 표현을 순차적으로 실었습니다. 그리고 중국어를 처음 배우시는 분들을 위하여 문형과 문법을 아주 자세하게 설명해놓았을 뿐만 아니라, 배운 내용을 소화할 수 있도록 다양한 연습 문제도 준비되어있습니다. 특히 학습자들이 이해하기 어려운 비슷한 단어들을 한눈에 들어올 수 있도록 도표로 정리 놓았습니다. 문형 익히기, 그림 보고 말하기, 쓰기에 도전하기 등 다양한 코너는 저자가 심혈을 기울여 만든 코너인 만큼 여러분들에게 조금이나마 도움이 되었으면 합니다.

'천리 길도 한 걸음부터' 지금 여러분이 설레는 마음으로 이 책의 첫 장을 펼치셨다면 이미 반은 성공한 것입니다. 중국어를 끝까지 잘 배워야겠다는 초심을 잃지 말고 한 걸음 한 걸음 나아가다보면 자신도 모르는 사이에 중국어실력이 쑥쑥 늘 것입니다.

중국어를 공부하는 학습자들의 날로 진보하는 모습을 그려보면서 소기의 성과를 거둘 수 있기를 기원합니다. 끝으로 이런 저자의 의도에 기꺼이 응해주시고 적극적인 배려를 아끼지 않으신 송산출판사 윤우상 사장님과 윤병호 과장님, 그리고 작업을 도와주신 편집부 최다연 대리님의 노고에 감사드립니다.

저자 이명순

중국어 시작하기
START ▶

 第一课 声母 성모

중국어 기초 상식

한자

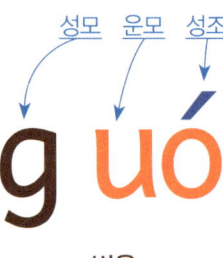

성모 운모 성조

g uó

병음

1. **병음:** 1958년에 중국 정부는 중국어의 발음을 더욱 쉽게 표기하기 위하여 알파벳을 빌어 병음이라는 것을 제정하였다.

2. **병음의 구성**
   - 성모: 우리말의 첫소리 자음에 해당하는 부분으로 모두 21개가 있다.
   - 운모: 우리말의 모음에 해당하는 부분으로 모두 36개가 있다.

3. **성조**
   성조란 음의 높낮이를 가리키는 말인데, 다음과 같이 모두 4개의 성조와 경성이 있다.

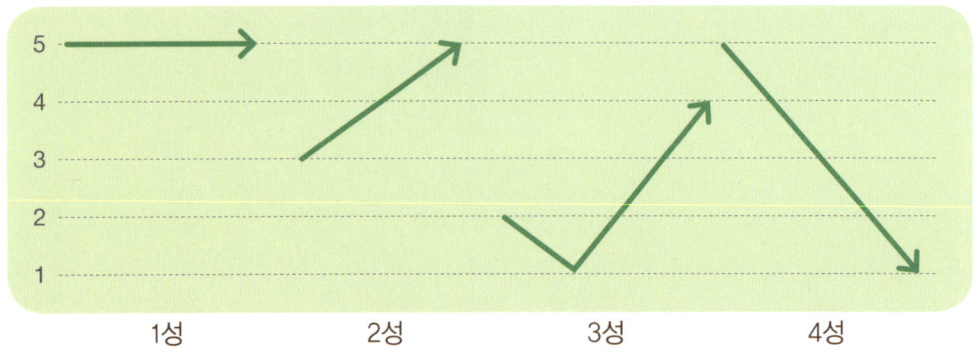

우리말의 첫소리 자음에 해당하는 병음의 앞부분으로 모두 21개가 있다. 음을 구성할 때 성모만으로는 음을 구성할 수 없고, 성모 뒤에 운모를 첨가해야 한다.

1. 순음

b(o)	우리말의 '뻐' 혹은 '버'처럼 입술을 다물었다가 발음한다.
p(o)	우리말의 '퍼'처럼 입술을 다물었다가 발음한다.
m(o)	우리말의 '머'처럼 입술을 다물었다가 발음한다.
f(o)	윗니로 아랫입술을 살짝 물듯이 근접시키고, 그 틈 사이로 기류를 내보내며 영어의 'f'처럼 발음한다.

2. 설첨음

d(e)	우리말의 '떠' 혹은 '더'처럼 발음한다.
t(e)	d와 발음 방법은 비슷하나, 입김을 강하게 내보내며 우리말의 '터'처럼 발음한다.
n(e)	우리말의 '너'처럼 발음한다.
l(e)	우리말의 '러'처럼 발음하는데, 혀끝을 입천장에 대었다가 떼면서 발음한다.

3. 설근음

g(e)	우리말의 '꺼' 혹은 '거'처럼 발음한다.
k(e)	우리말의 '커'처럼 발음한다.
h(e)	우리말의 '흐어'처럼 발음한다.

4. 설면음

j(i)	입을 옆으로 넓게 벌려 우리말의 '찌' 혹은 '지'처럼 발음한다.
q(i)	'j'와 발음 방법은 비슷하나, 입김을 강하게 내보내며 우리말의 '치'처럼 발음한다.
x(i)	우리말의 '씨' 혹은 '시'처럼 발음한다.

5. 권설음

zh(i)	혀끝을 말아 입천장에 닿을 듯 말 듯 하게하고, 그 사이로 공기를 마찰시켜 우리말 '쯔'처럼 발음한다.
ch(i)	'zh'와 발음 방법은 같으나, 기류를 강하게 내뿜으며 우리말 '츠'처럼 발음한다.
sh(i)	'zh'를 발음 할 때의 입모양을 하고 기류를 마찰시켜 우리말 '스'처럼 발음한다.
r(i)	'zh'보다 혀를 더 많이 말아 올려 우리말 '르'처럼 발음한다.

6. 설치음

z(i)	혀를 평평하게 하고, '쯧쯧쯧'하고 혀를 찰 때 내는 'ㅉ'처럼 발음한다.
c(i)	혀를 평평하게 하고, 'z'와 발음 방법은 같으나, 입김을 강하게 내뿜으며 우리말의 'ㅊ'처럼 발음한다.
s(i)	혀를 평평하게 하고, 'z'를 발음 할 때의 입모양을 하고 기류를 마찰시켜 우리말 '쓰'처럼 발음한다.

성모 발음 시 주의 사항

① 'b, p, m, f' 뒤에 'o'가 붙은 'bo, po, mo, fo'의 발음은 'b, p, m, f'의 발음과 같다.

② 'd, t, n, l' 뒤에 'e'가 붙은 'de, te, ne, le'의 발음은 'd, t, n, l'의 발음과 같다.

③ 'j, q, x' 뒤에 'i'가 붙은 'ji, qi, xi'의 발음은 'j, q, x'의 발음과 같다.

④ 'zh, ch, sh, r, z, c, s' 뒤에 'i'가 붙은 'zhi, chi, shi, ri, zi, ci, si'의 발음은 'zh, ch, sh, r, z, c, s'의 발음과 같다.

⑤ 'ji, qi, xi'의 'i'는 우리말의 '이'처럼 발음하는데, 'zhi, chi, shi, ri, zi, ci, si'의 'i'는 우리말의 '으'처럼 발음한다.

1 아래의 성모를 순서대로 외워보세요.

b	p	m	f
d	t	n	l
g	k	h	
j	q	x	
z	c	s	
zh	ch	sh	r

2 빈칸에 발음이 같은 성모를 적어 보세요.

b=( )　　p=( )　　m=( )　　f=( )

d=( )　　t=( )　　n=( )　　l=( )

g=( )　　k=( )　　h=( )

j=( )　　q=( )　　x=( )

z=( )　　c=( )　　s=( )

zh=( )　　ch=( )　　sh=( )　　r=( )

第二课 韵母 운모

운모

우리말의 모음에 해당하는 부분으로 모두 36개가 있는데, 'a, o, e, i, u, ü'는 운모 하나로 구성되어 있고, 그 나머지 운모는 2개 혹은 3개의 운모로 구성되어 있다.

1. 단운모

단운모	성모 없이 단독으로 쓰일 경우	발음 요령
a	a	입을 크게 벌리고, 우리말 '아'처럼 발음한다.
o	o	입은 반쯤 벌리고, 우리말 '워'처럼 발음한다.
e	e	입은 납작하게 벌리고, 우리말 '으어'처럼 발음한다.
i	yi	입을 넓게 벌리고, 우리말 '이'처럼 발음한다.
u	wu	입술을 오므리고, 우리말 '우'처럼 발음한다.
ü	yu	'u'보다 입술을 더 많이 오므리고, 우리말 '위'와 비슷하나 발음이 끝날 때까지 입술 모양을 그대로 유지해야 한다.

2. 'a'로 시작되는 운모

운모	성모 없이 단독으로 쓰일 경우	발음 요령
ai	ai	우리말 '아이'처럼 발음한다.
ao	ao	우리말 '아우'처럼 발음한다.
an	an	우리말 '안'처럼 발음한다.
ang	ang	우리말 '앙'처럼 발음한다.

3. 'o'로 시작되는 운모

운모	성모 없이 단독으로 쓰일 경우	발음 요령
ou	ou	우리말 '어우'처럼 발음한다.
ong	없음	우리말 '옹'처럼 발음한다.

4. 'e'로 시작되는 운모

운모	성모 없이 단독으로 쓰일 경우	발음 요령
ei	ei	우리말 '에이'처럼 발음한다.
en	en	우리말 '언'처럼 발음한다.
eng	eng	우리말 '엉'처럼 발음한다.
er	er	우리말 '얼'처럼 발음한다.

5. 'i'로 시작되는 운모

운모	성모 없이 단독으로 쓰일 경우	발음 요령
ia	ya	우리말 '이야'처럼 발음한다.
ie	ye	우리말 '이예'처럼 발음한다.
iao	yao	우리말 '이야오'처럼 발음한다.
iou=iu	you	우리말 '이여우'처럼 발음한다.
ian	yan	우리말 '이앤'처럼 발음한다.
iang	yang	우리말 '이양'처럼 발음한다.
in	yin	우리말 '인'처럼 발음한다.
ing	ying	우리말 '잉'처럼 발음한다.
iong	yong	우리말 '이융'처럼 발음한다.

발음 설명

1) 'i'가 음의 가장 앞부분에 위치할 경우 'i'는 'y'로 표기한다.
   예 ia → ya   ie → ye   iao → yao   ian → yan

2) 'iou'가 성모와 결합할 때는 'o'를 빼고 'iu'로 표기한다.
   예 n+iou → niu   q+iou → qiu

6. 'u'로 시작되는 운모

운모	성모 없이 단독으로 쓰일 경우	발음 요령
ua	wa	우리말 '우와'처럼 발음한다.
uo	wo	우리말 '우워'처럼 발음한다.
uai	wai	우리말 '우와이'처럼 발음한다.
uei=ui	wei	우리말 '우웨이'처럼 발음한다.

uan	wan	우리말 '우완'처럼 발음한다.
uen=un	wen	우리말 '원'처럼 발음한다.
uang	wang	우리말 '우왕'처럼 발음한다.
ueng	weng	우리말 '우웡'처럼 발음한다.

발음 설명

1) 'u'가 음의 가장 앞부분에 위치할 경우 'u'는 'w'로 표기한다.

   예 ua → wa   uo → wo   uai → wai   uang → wang

2) 'uei'와 'uen'이 성모와 결합할 때는 'e'를 빼고 'ui'와 'un'으로 표기한다.

   예 d+uei → dui   t+uei → tui
   d+uen → dun   t+uen → tun

7. 'ü'로 시작되는 운모

운모	성모 없이 단독으로 쓰일 경우	발음 요령
üe	yue	우리말 '위에'처럼 발음한다.
ün	yun	우리말 '윈'처럼 발음한다.
üan	yuan	우리말 '위앤'처럼 발음한다.

발음 설명

1) 'ü'가 음의 가장 앞부분에 위치할 경우 'ü'는 'yu'로 표기한다.

   예 üe → yue   ün → yun   üan → yuan

2) 성모 'j, q, x'와 운모 'ü'가 결합할 경우 'ü'의 두 점을 빼고 표기한다.

   예 j+ü → ju   x+üe → xue
   q+üe → que   x+üan → xuan

· 운모 발음연습

1 아래의 운모를 순서대로 외워보세요.

a o e i u ü

2 빈칸에 발음이 같은 운모를 적어 보세요.

i=( )　　　　u=( )　　　　ü=( )

ia=( )　　　　ie =( )　　　iao=( )　iou=( )=( )

ian=( )　　　iang=( )　　　iong=( )　in=( )　　　ing=( )

ua=( )　　　uo=( )　　　uai=( )　uan=( )　　uang=( )

uei=( )=( )　uen=( )=( )　ueng=( )

 第三课 声调和拼读 성조와 발음 연습

1. 성조

성조란 음의 높낮이를 가리키는 말인데, 다음과 같이 모두 4개의 성조와 경성이 있다. 즉 제 1성→ ˉ ˉ, 제 2성→ ˊ, 제 3성→ ˇ, 제 4성→ ˋ, 경성→ ˙ 이다. 중국어는 각 글자마다 성조가 있다. 발음이 같더라도 성조에 따라 그 의미가 달라지기 때문에 중국어에서 성조는 매우 중요하다.

제 1성

우리말 '아'를 높고 길게 발음하는 정도의 음에 해당하며, 고음으로 시작하여 같은 고음으로 끝까지 이어서 발음해야 한다.

제 2성

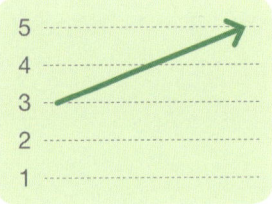

의아해 할 때 '응'이라고 하듯이 중간 음에서 시작하여 고음으로 끌어올려 발음한다.

제 3성

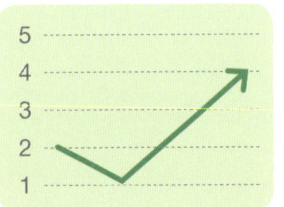

무엇인가를 듣고 이해할 때 '네~에'라고 하듯이 약간 낮은 음에서 가장 낮은 음으로 떨어뜨렸다가 다시 올려서 발음한다.

제 4성

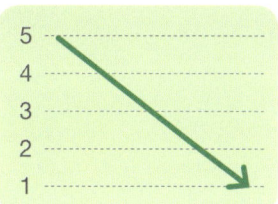

놀랐을 때 '아'하고 소리 내듯이 높은 음에서 낮은 음으로 뚝 떨어뜨려 발음한다.

경성

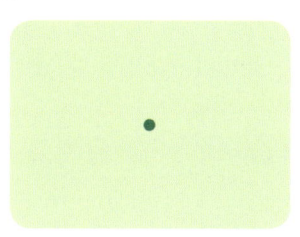

짧고 가볍게 발음한다. 경성은 표기하지 않는다.

1) 제 3성의 성조 변화

● 제 3성이 연속으로 나오면 앞의 제 3성은 제 2성으로 읽는다.

> 제 3성+제 3성 → 제 2성+제 3성
>
> 예 nǐ hǎo → nǐhǎo   hěn hǎo → hén hǎo
> **你好!** 안녕하세요.   **很好。** 아주 좋습니다.

● 반 3성: 제 3성 뒤에 제 1성, 제 2성, 제 4성, 경성이 오게 되면 앞의 3성은 내려가는 부분만 발음하고, 올라가는 부분은 발음하지 않는다. 즉 완전한 제 3성을 발음하는 것이 아니라 반만 발음한다.

> 제 3성+제 1성 → 반 3성+제 1성
> 제 3성+제 2성 → 반 3성+제 2성
> 제 3성+제 4성 → 반 3성+제 4성
> 제 3성+경성 → 반 3성+경성

2) '不'의 성조 변화

'不 bù'는 원래 제 4성인데, 뒤에 제 4성이 오면 제 2성으로 발음한다.

> bù è → bú è   bù dà → bú dà
> **不饿** 배고프지 않다   **不大** 크지 않다

3) '一'의 성조 변화

'一 yī'는 단독으로 읽을 때와 서수로 쓰일 때만 제 1성으로 읽고, 그 외의 경우는 성조가 변한다. 즉 제 1, 2, 3성 앞에서는 제 4성으로 읽고, 제 4성이나 제 4성이 변한 경성 앞에서는 제 2성으로 읽는다.

> yī cì → yí cì   yī tiān → yì tiān
> **一次** 한 번   **一天** 하루
>
> yī nián → yì nián   yī běn → yì běn
> **一年** 일년   **一本** 한 권

3. 성조 및 병음 표기법

1) 성조 표기법

성조 부호는 단운모 위에 붙이며, 입을 가장 크게 벌어지는 순, 즉 'a, o, e, i, u, ü'순으로 표기한다.

• 'a'가 있으면 'a'에 표시하고, 'a'가 없으면 'o, e'에 표시한다.

mǎ 马 말	māo 猫 고양이	xiě 写 쓰다

• 'i, u'가 함께 있으면 뒤에 오는 운모에 표시한다.

liù 六 6, 육	duì 对 맞다	niú 牛 소

• 'i'위에 성조 부호를 표시할 경우에는 'i'의 점은 생략한다.

mǐ 米 쌀	qī 七 7, 칠	xǐ 洗 씻다

• 운모 'ü, üe, ün, üan'이 단독으로 쓰이거나, 'l, n'를 제외한 다른 성모 뒤에 오면 'ü, üe, ün, üan'의 점은 모두 생략한다.

yú 鱼 생선	xuě 雪 눈	yún 云 구름	yuǎn 远 멀다

• 운모 'ü, üe'가 'l, n'뒤에 오면 'ü, üe'의 점은 생략할 수 없다.

lù 路 길	lǜ 绿 녹색	nǔlì 努力 노력하다	nǚde 女的 여자

21

2) 병음 표기법

- 병음은 알파벳 소문자로 표기하는데, 문장의 첫음절이나, 고유명사의 첫음절은 알파벳 대문자로 표기한다.

> Nǐ hǎo!
> 你好! 안녕하세요!
>
> Hánguó
> 韩国 한국
>
> Chángchéng
> 长城 만리장성

- 'a, o, e'로 시작하는 음절이 다른 음절 뒤에 바로 연결될 때, 음절의 경계가 모호해져 혼란을 일으킬 수 있으므로, 격음부호(')로 분리시킨다.

> nǚ'ér
> 女儿 딸
>
> Tiān'ānmén
> 天安门 천안문
>
> Xī'ān
> 西安 서안

3) 儿화음

접미사 '儿 ér'이 독자적으로 음절을 이루지 않고, 앞 음절과 결합하면서 앞 음절의 운모를 권설음으로 변화시킨다. 표기할 때는 'ér'의 'é'를 빼고 'r'만 표기한다.
[예컨대, '玩儿'의 발음은 'wánr'이지 'wán'ér'이 아님]

> wánr
> 玩儿 놀다
>
> chéngzhīr
> 橙汁儿 오렌지 주스
>
> yìdiǎnr
> 一点儿 조금

4. 발음연습

1 아래의 병음은 모두 제 1성입니다. 병음을 잘 보고 큰 소리로 읽어 보세요.

bā	bō	pāi	pēn	māo	mā	fēn	fū
dēng	diū	tuō	tuī	nāo	nāng	lā	lē
gē	gāi	kān	kē	hēi	hū	jīn	jiāo
qiāo	qiāng	xiān	xī	zī	zū	cuō	cūn
sī	suān	zhuā	zhuān	chē	chuī	shī	shā
rī							

2 아래의 병음은 모두 제 2성입니다. 병음을 잘 보고 큰 소리로 읽어 보세요.

bái	bí	pén	piáo	máng	mián	fó	fán
dí	dié	tián	tuó	nín	nuó	lóng	liú
gé	guó	ké	káng	hán	hún	jié	jiá
qí	qián	xiá	xú	zái	zuó	cáo	cún
sú	suí	zhái	zhé	chén	chóng	shé	shuí
róu	róng						

3 아래의 병음은 모두 제 3성입니다. 병음을 잘 보고 큰 소리로 읽어 보세요.

bǎi	běn	pǎo	pǔ	mǎi	mǐn	fǎ	fǎng
děng	dǒng	tiě	tiǎn	nǔ	nǚ	lǔ	lǚ
qiǎo	qiǎng	xiǎo	xǐng	zǐ	zuǐ	cǎi	cǎo
sǎ	suǒ	zhǐ	zhǎo	chuǎn	chǔn	shǔ	shuǎi
rě	rěn						

4 아래의 병음은 모두 제 4성입니다. 병음을 잘 보고 큰 소리로 읽어 보세요.

bà	bào	pà	pàn	mèi	mù	fàn	fàng
dì	diàn	tù	tuì	nòng	nüè	lüè	luàn
lè	qì	xiào	xiàn	zài	zuì	cài	cuò
sòng	suàn	zhè	zhuàn	chàng	chà	shì	shùn
rè	rào						

5 아래는 모두 경성이 포함된 단어입니다. 병음을 잘 보고 큰 소리로 읽어 보세요.

bàba	māma	gēge	jiějie	dìdi	mèimei
yéye	nǎinai	yǐzi	zhuōzi	màozi	kùzi
piányi	yīfu	hǎochu	érzi	háizi	shénme
xǐhuan	zěnme	wǒmen	nǐmen	tāmen	júzi
xièxie	dàifu	àiren	dǎsuan	yǎnjing	sǎngzi

6 종합 발음연습

1성	1성+1성	kāichē 开车 운전하다	sījī 司机 기사	lājī 垃圾 쓰레기
	1성+2성	kāimén 开门 문을 열다	xīnnián 新年 신년	shēnghuó 生活 생활
	1성+3성	fēngjǐng 风景 풍경	shēntǐ 身体 몸	kāishǐ 开始 시작하다
	1성+4성	shēngrì 生日 생일	shāngdiàn 商店 상점	shēngdiào 声调 성조
	1성+경성	māma 妈妈 엄마	shīfu 师傅 사부	yīfu 衣服 옷

2성	2성+1성	tíngchē 停车 주차하다	qiántiān 前天 그제	zuótiān 昨天 어제
	2성+2성	zúqiú 足球 축구	yínháng 银行 은행	chángchéng 长城 만리장성
	2성+3성	píngguǒ 苹果 사과	shípǐn 食品 식품	fánnǎo 烦恼 고민
	2성+4성	yánsè 颜色 색	héshì 合适 적합하다	niánjì 年纪 나이
	2성+경성	xuésheng 学生 학생	piányi 便宜 싸다	tóufa 头发 머리카락

3성	3성+1성	dǔchē 堵车 차가 막히다	měitiān 每天 매일	jiǔbā 酒吧 술집
	3성+2성	lǚxíng 旅行 여행	qǐchuáng 起床 기상하다	jiějué 解决 해결하다
	3성+3성	shǒubiǎo 手表 손목시계	dǎsǎo 打扫 청소하다	yǔfǎ 语法 어법
	3성+4성	zǎofàn 早饭 아침식사	wǔfàn 午饭 점심식사	wǎnfàn 晚饭 저녁식사
	3성+경성	jiǎozi 饺子 만두	nǎinai 奶奶 할머니	yǐzi 椅子 의자

4성	4성+1성	diàntī 电梯 엘리베이터	qìchē 汽车 자동차	jièyān 戒烟 담배를 끊다
	4성+2성	wàiguó 外国 외국	wèntí 问题 문제	tèbié 特别 특히
	4성+3성	bàozhǐ 报纸 신문	diànnǎo 电脑 컴퓨터	bànfǎ 办法 방법
	4성+4성	jiàoshì 教室 교실	zuòfàn 做饭 밥을 하다	zuòyè 作业 숙제
	4성+경성	tùzi 兔子 토끼	kùzi 裤子 바지	gèzi 个子 키

1 숫자

yī 一	èr 二	sān 三	sì 四	wǔ 五
liù 六	qī 七	bā 八	jiǔ 九	shí 十
shíyī 十一	shí'èr 十二	shísān 十三	shísì 十四	shíwǔ 十五
shíliù 十六	shíqī 十七	shíbā 十八	shíjiǔ 十九	èrshí 二十
sānshí 三十	sìshí 四十	wǔshí 五十	liùshí 六十	qīshí 七十
bāshí 八十	jiǔshí 九十	yìbǎi 一百	yìqiān 一千	yíwàn 一万

2 가족 관계

yéye 爷爷 할아버지   nǎinai 奶奶 할머니   lǎoye 老爷 외할아버지   lǎolao 姥姥 외할머니

bàba 爸爸 아빠   māma 妈妈 엄마

 gēge 哥哥 형(오빠)

 jiějie 姐姐 누나(언니)

 wǒ 我 나

 dìdi 弟弟 남동생

 mèimei 妹妹 여동생

입문하기

1. 중국어는 높임말과 낮춤말이 없다.

우리말은 높임말과 낮춤말이 있지만 중국어는 어르신에게나 아랫사람에게 모두 '你 nǐ 너, 당신'를 사용할 수 있으며, 존댓말이 따로 없다. '您 nín 선생님, 귀하'은 '你 nǐ 너, 당신'의 존칭이지만 보통 초면이나 격식을 차리는 자리에서만 사용한다. '您 nín 선생님, 귀하'를 제외한 기타 중국어 단어에는 존칭이 따로 없다.

2. 중국어의 어순은 영어와 비슷하다.

중국어의 기본 어순은 '주어+술어+목적어'이다. 이는 영어 기본 어순과 비슷하며 우리말과 많이 다르다. 따라서 중국어를 배울 때 한국어를 생각한 다음 중국어로 번역하는 것은 중국어 공부에 마이너스가 된다는 것을 염두에 두고 공부를 시작하길 바란다.

3. 중국어는 형태 변화가 없다.

우리말은 격에 따라 단어 뒤에 '은(는), 이(가)'등 다양한 조사가 붙으며, 영어는 시제와 격에 따라 'see, sees, seeing, saw, seen'등 단어의 형태가 변하지만, 중국어는 우리말의 '은(는), 이(가)'등 조사도 없고, 영어같이 단어의 형태 변화도 없다. 대신 시간을 나타내는 명사, 부사, 조사 등을 붙여 시제의 변화를 나타낸다.

4. 중국어는 띄어쓰기가 없다.

우리말은 띄어쓰기가 있어 문장을 이해하거나 읽을 때 도움이 많이 되는데, 중국어는 띄어쓰기가 없어 배울 때 어렵다는 느낌이 든다. 그래서 중국어 입문교재는 일반적으로 단어와 단어 사이에 띄어쓰기를 해 놓았다. 그러나 이것은 초보자들이 중국어를 쉽게 배우기 위한 방편일 뿐 중국어에 띄어쓰기가 있다는 것은 아니다.

第四课

早上好!

기초 회화

Nǐmen hǎo!
张老师: 你们 好!

여러분 안녕하세요!

Lǎoshī hǎo!
学 生: 老师 好!

선생님 안녕하세요!

Bānzhǎng, nǐ hǎo!
张老师: 班长 你好!

반장, 안녕!

Zhāng lǎoshī, nín hǎo!
班 长: 张老师, 您好!

장 선생님, 안녕하세요!

你们 nǐmen 〈대〉 너희들, 당신들
好 hǎo 〈형〉 좋다
张 Zhāng 〈명〉 장(성씨)
老师 lǎoshī 〈명〉 선생님, 스승
班长 bānzhǎng 〈명〉 반장
你 nǐ 〈대〉 너, 당신
你好 nǐhǎo 안녕하세요, 안녕
您 nín 〈대〉 당신, 선생님 ['你'의 존칭]
您好 nínhǎo 안녕하세요! ['你好!'의 높임말]

张科长:
Dàjiā xīnkǔ le!
大家 辛苦 了!

여러분 수고하셨습니다!

职 员:
Zhāng kēzhǎng xīnkǔ le!
张 科长 辛苦 了!

장과장님 수고하셨습니다!

张科长:
Míngtiān jiàn!
明天 见!

내일 뵙겠습니다!

职 员:
Míngtiān jiàn!
明天 见!

내일 뵙겠습니다!

大家 dàjiā ㉹ 모두, 다들
辛苦了 xīnkǔ le 수고하셨습니다
科长 kēzhǎng ㈱ 과장
明天 míngtiān ㈱ 내일
见 jiàn ㈦ 만나다

문형 익히기

①

······好! ~안녕하세요!

| Nǐmen 你们 |
| Lǎoshī 老师 |
| Nǐ 你 |

hǎo!
好!

▶ 여러분 안녕하세요! | 선생님 안녕하세요! | 안녕하세요!

아무에게나 때와 장소를 가리지 않고 사용할 수 있는 인사말은 '你好! Nǐ hǎo! 안녕하세요!'이다. 상대방 역시 '你好! Nǐ hǎo! 안녕하세요!'로 대답하면 된다. 그러나 상대방이 한 사람이 아니라 여러 사람일 경우 '你们好! Nǐmen hǎo! 여러분 안녕하세요!'라고 하고, 상대방이 선생님일 경우 '老师好! Lǎoshī hǎo! 선생님 안녕하세요!'라고 하면 된다.

②

······, 你好! ······안녕하세요!

| Bānzhǎng 班长, |
| Lǎoshī 老师, |
| Lǐ kēzhǎng 李科长, |

nǐ hǎo!
你好!

▶ 반장, 안녕! | 선생님, 안녕하세요! | 이 과장님 안녕하세요!

인사할 때 호칭을 맨 앞에 놓은 다음 '你好! Nǐ hǎo! 안녕하세요!'를 뒤에 붙여도 된다.

3

……辛苦了!   ……수고하셨습니다!

Dàjiā
大家

Tóngxuémen
同学们

Nǐ
你

xīnkǔ   le!
辛苦 了!

▶ 여러분 수고하셨습니다! | 학생 여러분 수고하셨습니다! | 수고하셨습니다!

'辛苦了! Xīnkǔ le!'은 '수고하셨습니다!'라는 뜻을 나타낸다. 여기서 '辛苦 xīnkǔ'는 '고생하다, 수고하다'란 뜻이고, 뒤에 '了 le'가 붙으면 '수고하셨습니다!'라는 뜻을 나타낸다.

4

……见!   ……뵙겠습니다!

Míngtiān
明天

Hòutiān
后天

Zài
再

jiàn!
见!

▶ 내일 뵙겠습니다! | 모레 뵙겠습니다! | 안녕히 계세요!/안녕히 가세요!

'明天见! Míngtiān jiàn!'은 헤어질 때 쓰는 인사말이며, 대답도 '明天见! Míngtiān jiàn!'이다. 그리고 '再见! Zàijiàn!'은 두 가지 뜻이 있다. 즉 '안녕히 가세요!'와 '안녕히 계세요!'이다.

말하기 연습

1 '你好！안녕하세요!'라는 표현을 연습해 보세요.

> **보기**
>
> **A:** 你们好！ 여러분 안녕하세요!
>
> **B:** 你好！ 안녕하세요!

学生: 老师好!

老师: _____!

英南: _____!

相美: 你好!

2 호칭을 넣어 '你好！안녕하세요!'라는 표현을 연습해 보세요.

> **보기**
>
> **A:** 李老师: 张老师, 你好! 장 선생님, 안녕하세요!
>
> **B:** 张老师: 李老师, 你好! 이 선생님, 안녕하세요!

李科长: 张科长, 你好!

张科长: _____, 你好!

李老师: 英南, 你好!

英南: _____, ____!

3 '辛苦了！ 수고하셨습니다!'라는 표현을 연습해 보세요.

> **보기**
>
> **A:** 你辛苦了！ 수고하셨습니다!
>
> **B:** 你也辛苦了！ 당신도 수고하셨습니다!

李科长: 大家辛苦了!

职员: 李科长 _____!

明明: 你 _____!

龙龙: 你也辛苦了!

4 헤어질 때 쓰는 인사말을 연습해 보세요.

> **보기**
>
> **A:** 明天见！ 내일 뵙겠습니다!
>
> **B:** 明天见！ 내일 뵙겠습니다!

老师: 再见!

学生: 老师, _____!

相美: 英南, 明天见!

英南: 相美, _____!

그림 보고 말하기

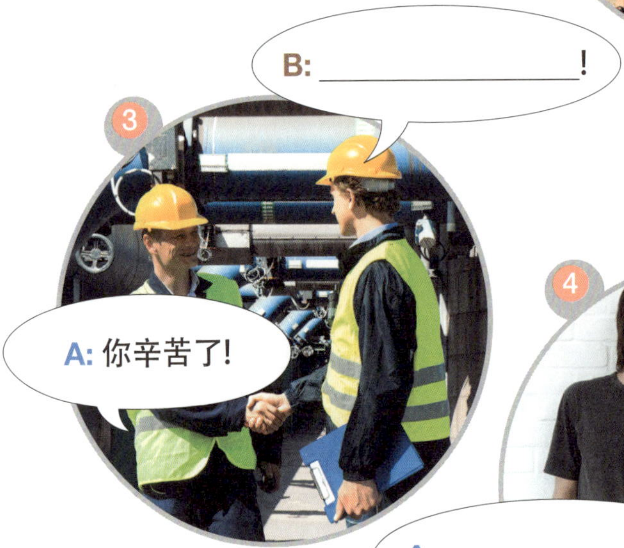

1

B: 李老师, _____!

A: 张老师,你好!

2

B: _____!

A: 你好!

3

B: _____!

A: 你辛苦了!

4

B: 明天见!

A: _____!

第五课

汉语难吗？

기초 회화

英南: 英语 难 吗?
Yīngyǔ nán ma?

영어가 어렵습니까?

相美: 英语 很 难。
Yīngyǔ hěn nán.

영어는 어렵습니다.

英南: 汉语 难 吗?
Hànyǔ nán ma?

중국어가 어렵습니까?

相美: 汉语 不 太 难。
Hànyǔ bú tài nán.

중국어는 그다지 어렵지 않습니다.

英南: 有意思 吗?
Yǒuyìsi ma?

재미있습니까?

相美: 很 有意思。
Hěn yǒuyìsi.

아주 재미있습니다.

英语 Yīngyǔ ⑲ 영어
难 nán ⑱ 어렵다
吗 ma ㉣ 문장 끝에 쓰여 의문의 어기를 나타냄
汉语 Hànyǔ ⑲ 중국어
很 hěn ⑭ 매우, 대단히, 아주
不 bù ⑭ (동사·형용사 앞에서) 부정을 나타냄
太 tài ⑭ 몹시
不太 bútài 별로, 그다지 ……지 않다.
有意思 yǒuyìsi ⑱ 재미있다

王刚: Hǎojiǔ bú jiàn le!
好久 不见 了!

오랜만입니다!

李红: Shì a, hǎojiǔ bú jiàn le!
是 啊, 好久 不 见 了!

그러네요, 오랜만입니다!

王刚: Zuìjìn nǐ máng bu máng?
最近你 忙 不 忙?

요즘 바쁘십니까?

李红: Zuìjìn wǒ hěn máng.
最近我 很 忙。

요즘 바쁩니다.

王刚: Gōngzuò lèi bu lèi?
工作 累 不 累?

일이 힘드십니까?

李红: Fēicháng lèi.
非常 累。

아주 힘듭니다.

好久 hǎojiǔ 오랫동안
不见了 bú jiàn le 뵙지 못했다
是啊 shì a 그러네
最近 zuìjìn 몡 최근, 요즈음
我 wǒ 때 나, 저
忙 máng 혱 바쁘다
工作 gōngzuò 몡 일, 업무 동 일하다
累 lèi 혱 피곤하다
非常 fēicháng 뷔 대단히, 매우

1 형용사술어문의 긍정형

주어 + 很 + 형용사

Yīngyǔ 英语		nán. 难。
Jīntiān 今天	hěn 很	rè. 热。
Tā 她		piàoliang. 漂亮。

▶ 영어는 어렵습니다. | 오늘은 덥습니다. | 그녀는 예쁩니다.

중국어는 동사뿐만 아니라 형용사도 술어가 될 수 있다. 형용사 술어문이란 형용사가 술어로 쓰인 문장을 가리킨다. 형용사 술어문의 긍정형에는 '很'이 '매우'라는 뜻을 떠나서 구조상 반드시 있어야 한다.

2 형용사술어문의 부정형

주어 + 很 + 형용사

Hànyǔ 汉语		nán. 难。
Jīntiān 今天	bù/bú 不	lěng. 冷。
Wǒ 我		è. 饿。

▶ 중국어는 어렵지 않습니다. | 오늘은 춥지 않습니다. | 저는 배고프지 않습니다.

형용사 술어문의 부정형은 형용사 앞에 '不'를 붙이면 된다. 즉 '很'을 '不'로 대체하면 된다. 그리고 '不'는 원래 4성인데, 뒤에 4성이 오면 '不'는 2성으로 발음해야 한다.

즉 '不 饿 bù è'를 '不 饿 bú è로' 발음해야 한다.

3 형용사술어문의 일반 의문형

주어 + 很 + 형용사 + 吗?

Gōngzuò
工作

Nǐ
你

Nǐ àiren
你 爱人

lèi
累

máng
忙

piàoliang
漂亮

ma?
吗?

▶ 일이 힘드십니까? | 당신은 바쁘십니까? | 당신의 부인은 예쁩니까?

형용사 술어문의 의문형은 문 말에 '吗'를 붙이면 되는데, 주의할 점은 '很'을 빼야 한다는 것.

4 정반 의문문

주어 + 형용사 + 不 + 형용사 ?

Nǐ
你

Gōngzuò
工作

Nǐ bàba
你 爸爸

rè
热

máng
忙

pàng
胖

bù/bú
不

rè?
热?

máng?
忙?

pàng?
胖?

▶ 당신은 덥습니까? | 일이 바쁘십니까? | 당신의 아버님은 뚱뚱하십니까?

정반 의문문이란 술어의 긍정형과 부정형을 병렬하여 의문을 나타내는데, 이는 문 말에 '……吗'를 사용한 일반 의문문의 기능과 같다. '忙不忙? 바쁘십니까?'='忙吗? 바쁘십니까?'

말하기 연습

1 '不'뒤에 1, 2, 3성이 오면 4성 그대로 발음하고, 4성이 오면 2성으로 발음하는 연습을 해보세요.

> 보기
>
> | bù nán, | bú è, | bú rè | bù gānjìng, | bú lèi, |
> |---|---|---|---|---|
> | 不难, | 不饿, | 不热, | 不干净, | 不累 |
> | 어렵지 않다, | 배고프지 않다, | 덥지 않다 | 깨끗하지 않다, | 힘들지 않다 |

bù/bú

不

duì	hǎo	pàng	kuài	màn	piàoliang
对,	好,	胖,	快,	慢,	漂亮
맞다	좋다	뚱뚱하다	빠르다	느리다	예쁘다

dà	xiǎo	yuǎn	duǎn	cháng	gāo
大,	小,	远,	短,	长,	高
크다	작다	멀다	짧다	길다	(키가)크다

2 문말에 '…吗? '를 이용한 질문과 대답을 연습해보세요.

> 보기
>
> **A:** 今天你忙吗?　　당신은 오늘 바쁘십니까?
>
> **B:** 今天我很忙。　　저는 오늘 바쁩니다.

A: 你冷吗?

B: _____。

A: _____?

B: 汉语不太难。

3 다음 질문에 부정으로 대답 해보세요.

> **보기**
>
> **A: 你饿吗?**   당신은 배가 고프십니까?
>
> **B: 我不饿。**   저는 배가 고프지 않습니다.

A: 她胖吗?

B: _____。

yīfu
衣服 옷

A: _____?

B: 衣服不干净。

4 긍정과 부정으로 대답하는 연습을 해보세요.

> **보기**
>
> **A: 你累不累 ?**   힘드십니까?
>
> **B: 我很累。**   힘듭니다.

A: 今天热不热?

B: 今天很热。

A: 弟弟高不高?

B: 弟弟不太高。

그림 보고 말하기

1 회화

Bàba pàng ma?
A: 爸爸　胖　吗?
B: ＿＿＿＿＿＿＿＿＿。

Māma shòu bú shòu?
A: 妈妈　瘦　不　瘦?
B: ＿＿＿＿＿＿＿＿＿。

Gēge gāo ma?
A: 哥哥　高　吗?
B: ＿＿＿＿＿＿＿＿＿。

Jiějie piàoliang ma?
A: 姐姐　漂亮　吗?
B: ＿＿＿＿＿＿＿＿＿。

2 서술하기

爸爸很胖，妈妈很瘦，哥哥很高，姐姐很漂亮。

3 나의 이야기

我爸爸＿＿＿＿＿＿，我妈妈＿＿＿＿＿＿，
我＿＿＿＿＿＿＿＿＿＿＿＿＿＿＿＿
＿＿＿＿＿＿＿＿＿＿＿＿＿＿＿＿。

1. B: 是啊, _____!
   A: 好久不见了!

2. B: _____!
   A: 你家远(yuǎn 멀다)吗?

3. B: 衣服很漂亮。
   A: _____?

4. B: _____。
   A: 苹果(píngguǒ 사과)大不大?

회화에 도전하기

1 2인 1조로 아래의 문답 연습을 하는데, 처음에는 두 사람 모두 책을 보고 하고, 두 번째는 질문하는 사람만 책을 보고 해보세요.

A: 你们汉语老师胖不胖?

B: _____。

A: 漂亮吗?

B: _____。

A: 有意思吗?

B: _____。

A: 真的(zhēnde 진짜)? 假的(jiǎde 가짜)?

B: _____。

2 당신의 식구가 키가 큰지 뚱뚱한지, 그리고 당신의 집이 큰지 깨끗한지 등에 대해 대화를 나누어 보세요.

> 참고문형
>
> **1)** 你爸爸/你妈妈/你姐姐+胖/高/漂亮?
>
> **2)** 你家+远/大/干净/漂亮吗?

A: 你爸爸…吗? 당신의 아버님은 …까?   **A:** 你家…吗? 당신의 집은 …까?

B: _____。   **B:** _____。

A: _____。   **A:** _____。

B: _____。   **B:** _____。

A: _____。   **A:** _____。

B: _____。   **B:** _____。

쓰기에 도전하기

1 보기의 단어로 빈칸을 채워 보세요.

> **보기**
>
> 很, 不, 吗, 不太, 忙

1) 今天我 _____ 忙, 明天我不太 _____。

2) 你工作忙 _____?

3) 远(yuǎn 멀다) _____远?

4) 今天我 _____累。

5) 爸爸 _____忙, 妈妈 _____忙。

2 '不太+형용사, 그다지 …지 않다'와 '很+형용사, 아주…하다'를 이용하여 문장을 만들어 보세요.

> **보기**
>
> "不太" ☞ **A:** 你妈妈胖吗?　　　　"很" ☞ **A:** 你累吗?
>
> 　　　　 **B:** 我妈妈不太胖。　　　　　　　 **B:** 我很累。

1) "不太" **A:** _____?

　　　　 B: _____。

2) "很"　 **A:** _____?

　　　　 B: _____。

중국의 결혼문화

1 약혼식

약혼식은 양쪽 부모님과 가까운 친척만 참석할 정도로 비교적 간소하게 치른다. 하지만 예비 신랑은 예비 신부에게 줄 '彩礼 cǎilǐ, 예물'을 준비해야 하는데, 예물은 일반적으로 여자 쪽에서 요구하는 만큼 줘야 한다. 적게는 몇 만위앤, 많게는 몇 십만위앤 정도가 된다. 이러한 돈은 한 달 인건비가 평균 이천위앤정도 밖에 안 되는 남자들에게 큰 부담이 되지 않을 수 없다.

2 결혼준비

남자 쪽은 집과 모든 가구 및 가전 제품을 준비해야 하고, 여자 쪽은 커튼, 이불, 그릇 등 생활용품만 준비하면 된다. 한마디로 아들 장가 보내려면 돈을 많이 모아야 한다.

3 결혼식

아주 옛날에 예비 신랑은 예비 신부의 얼굴을 결혼식 날 저녁이 되어야만 볼 수 있었다. 지금은 물론 아니다.
중국은 결혼식날 신랑과 신부가 모두 빨간 옷을 입는다.

그리고 신랑과 신부는 결혼식에 참석한 모든 손님에게 술을 한 잔씩 따라 드려야 하고, 사탕도 한 알씩 드려야 하며, 또 담배를 드릴 뿐만 아니라 불도 붙여 줘야한다. 이것을 중국어로 '喜酒 xǐjiǔ, 결혼축하주', '喜糖 xǐtáng, 결혼 축하 사탕', '喜烟 xǐyān, 결혼축하 담배'라고 한다. 저녁 때가 되면 신랑과 신부의 친구들이 신방(新房 xīnfáng, 결혼식 후 신랑, 신부가 첫날밤을 치르는 방)에 쳐들어가 신랑과 신부를 괴롭힌다.

4 결혼 생활

결혼 후 대다수의 부부는 모두 맞벌이를 하기 때문에 가사일을 남자가 많이 하게된다. 밥짓는 것은 물론이고, 빨래 · 방청소 · 애기 돌보는 것까지 안하는 게 없다.

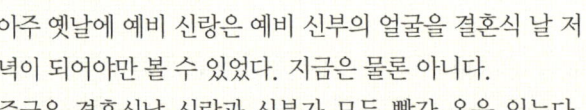

第六课

我要橙汁儿。

기초 회화

王小军:	Nǐ yào kāfēi ma? 你 要 咖啡 吗?	커피 드릴까요?
曲美丽:	Wǒ bú yào kāfēi. 我 不 要 咖啡。	커피는 싫습니다.
王小军:	Nà nǐ yào shénme? 那 你 要 什么?	그럼 무엇을 드릴까요?
曲美丽:	Wǒ yào yǐnliào. 我 要 饮料。	음료수를 주세요.
王小军:	Nǐ yào shénme yǐnliào? 你 要 什么 饮料?	어떤 음료수를 드릴까요?
曲美丽:	Wǒ yào chéngzhīr. 我 要 橙汁儿。	오렌지주스를 주세요.

要 yào ⑧ 원하다, 필요하다
咖啡 kāfēi ⑲ 커피
那 nà ⑳ 그러면
什么 shénme ㉑ 무엇
饮料 yǐnliào ⑲ 음료
橙汁儿 chéngzhīr ⑲ 오렌지 주스

胖胖:
Nǐ yào qù nǎr?
你 要 去 哪儿?

어디를 가려고하십니까?

龙龙:
Wǒ yào qù gōngyuánr.
我 要 去 公园儿。

공원에 가려고 합니다.

胖胖:
Wǒ yě xiǎng qù.
我 也 想 去。

저도 가고 싶은데요.

龙龙:
Nà wǒmen yìqǐ qù ba.
那 我们 一起 去 吧。

그럼 우리 같이 갑시다.

胖胖:
Hǎo de.
好 的。

좋아요.

要 yào ㊀ …하려고 하다
去 qù ㊁ 가다
哪儿 nǎr ㊂ 어디, 어느 곳
公园儿 gōngyuánr ㊃ 공원
也 yě ㊄ …도
想 xiǎng ㊀ …하고 싶다
我们 wǒmen ㊂ 우리
一起 yìqǐ ㊄ 함께
吧 ba ㊀ …합시다
好的 hǎo de 네, 좋아요

문형 익히기

1

我要……。 ……을 주세요.

| Wǒ 我 | yào 要 | kāfēi. 咖啡。 |
| Tā 他 | | yǐnliào. 饮料。 |

▶ 저는 커피를 주세요. | 그는 음료수를 원합니다.

'要'는 '어떤 물건을 원하다, 어떤 물건이 필요하다'란 뜻으로, 커피숍이나 식당에서 주문할 때 '我要……。……을 주세요'로 많이 쓰인다.

2

你要……吗? ……을 드릴까요?

Nǐ yào kāfēi ma?
你 要 咖啡 吗?

Wǒ yào kāfēi.
我 要 咖啡。 吗

Nǐ yào yǐnliào ma?
你 要 饮料 吗?

Wǒ bú yào yǐnliào.
我 不 要 饮料。 吗

▶ 커피 드릴까요? | 커피 주세요. | 음료수 드릴까요? | 저는 음료수를 원하지 않습니다.

문말에 '吗'가 들어간 의문문에 대한 긍정형 대답은 '吗'만 빼면 되고, 부정형 대답은 '吗'를 뺀 다음 '要' 앞에 '不'를 붙이면 된다.

3

你要什么? 무엇을 드릴까요?

Nǐ yào shénme?
你 要 什么?

Wǒ yào chá.
我 要 茶。

Nǐ yào shénme chá?
你 要 什么 茶?

Wǒ yào lǜ chá.
我 要 绿 茶。

▶ 무엇을 드릴까요? | 차 주세요. | 어떤 차를 드릴까요? | 녹차 주세요.

'什么'는 '무엇'이라는 뜻으로 의문을 나타내는데, '什么'가 단독으로 목적어가 될 수도 있고, 목적어의 한정어도 될 수 있다. '什么'에 대한 긍정형 대답은 '什么'가 위치한 곳에 해당하는 단어로 대체하면 된다.

你要去哪儿? 어디에 가려고 합니다.

Nǐ yào qù nǎr?
你 要 去 哪儿?
Wǒ yào qù Zhōngguó.
我 要 去 中国。

Nǐ yào qù nǎr?
你 要 去 哪儿?
Wǒ yào qù gōngyuánr.
我 要 去 公园儿。

▶ 어디에 가려고 합니까? | 중국에 가려고합니다. | 어디에 가려고 합니까? | 공원에 가려고 합니다.

여기서 '要'는 '…하려고 하다'란 뜻을 나타낸다. '哪儿'은 '어디'라는 뜻으로 의문을 나타내는데, 이에 대한 긍정형 대답은 '哪儿'이 위치한 곳에 해당하는 단어로 대체하면 된다. 그리고 '公园儿'의 '儿 ér'은 儿화음이라고 한다. 儿화음이란 '儿 ér'이 독자적으로 음절을 이루지 않고, 앞 음절과 결합하면서 앞 음절의 운모가 권설 운모가 되는 것을 가리킨다.

我们一起去……吧。 우리 함께……합시다

Wǒmen yìqǐ qù
我们 一起 去

hē kāfēi
喝 咖啡
hējiǔ
喝酒

ba.
吧。

▶ 커피 마시러 갑시다. | 우리 함께 술마시러 갑시다.

'吧'는 문 말에 쓰여 제의 · 청유 · 기대 · 명령 등의 어기를 나타낸다.

말하기 연습

1 문말에 '……吗？'를 이용한 질문과 대답을 연습해보세요.

> 보기
>
>
>
> **A:** 你要苹果吗？　　사과를 드릴까요?
>
> **B:** 我不要苹果。　　사과는 싫은데요.

júzi
桔子 귤

A: 你要桔子吗？

B: ＿＿＿＿＿＿＿＿＿＿ 。

A: ＿＿＿＿＿＿＿＿＿＿ ？

B: 我不要红茶(hóngchá 홍차)。

2 '什么, 무엇'이 목적어로 쓰이는 회화를 연습해보세요.

> 보기
>
>
>
> **A:** 你要什么？　　무엇을 드릴까요?
>
> **B:** 我要苹果汁儿。　　사과주스를 주세요.

diànnǎo
电脑 컴퓨터

qìchē
汽车 자동차

A: 你要什么？

B: ＿＿＿＿＿＿＿＿＿＿ 。

A: ＿＿＿＿＿＿＿＿＿＿ ？

B: 我要汽车。

3 물건의 '종류 · 성질'을 나타내는 '**什么**'가 한정어로 쓰이는 회화를 연습해보세요.

A: 你要什么咖啡? 어떤 커피를 드릴까요?

B: 我要摩卡(mókǎ)咖啡。 모카커피를 주세요.

jiǔ   píjiǔ
酒 ➡ 啤酒
술   맥주

chá   rénsēnchá
茶 ➡ 人参茶
차   인삼차

4 '**哪儿**, 어디'가 목적어로 쓰이는 회화를 연습해보세요.

xǐshǒujiān
洗手间 화장실

A: 你们要去哪儿?

B: 我们要去中国。

A: 你要去哪儿?

B: 我要去洗手间。

그림 보고 말하기

①

B: 好的。

A: 我们一起 _____。

②

B: 我也 _____。

A: 我要咖啡。

③

A: _____？

B: 我要橙汁儿。

④

A: 你要去哪儿？

B: _____。

쓰기에 도전하기

1 보기의 단어로 빈칸을 채워 보세요.

> **보기**
>
> 要, 不, 一起, 吧, 也

1) 你们 _____ 去中国吗?

2) 我_____要去。

3) 我_____要红茶，我要绿茶。

4) 你喝(hē 마시다)咖啡_____。

5) 你_____喝什么饮料?

2 '要 …하려고 하다'와 '要 원하다'로 문장을 만들어 보세요.

> **보기**
>
> "要" ☞　我要去美国。　　　　"要" ☞　我要咖啡。
> 　　　　저는 미국에 가려고 합니다.　　　　저는 커피를 주세요.

1) "要"　A: _____?

　　　　　B: _____。

2) "要"　A: _____?

　　　　　B: _____。

중국 특유의 여러 증서들

1 结婚证(jiéhūnzhèng 결혼증)

일종의 결혼증서인데, 증서엔 이름과 결혼 신고일 등이 기재
되어 있으며, 부부가 함께 찍은 사진도 부착되어 있다. 호텔
투숙 시 이러한 결혼 증서가 없으면 설령 부부라도 같은 방을 쓸 수 없다.

2 离婚证(líhūnzhèng 이혼증)

부부가 이혼하게 되면 이혼증을 발급받는데, 이혼증서엔 부부가 함께 찍은 사진이 아
니라 본인 사진만 부착되어 있다. 만약 재혼할 경우 이혼 증서를 제시해야만 재혼 할
수 있다.

3 한가구 두자녀 정책 실시

2011년 11월 기준으로 중국 인구는 약 13억 7,053만 명에 이른다. 따라서 중국정부는
산아제한정책을 실시했었다. 그러던 중국이 2015년 10월부터 가구당 아이 2명을 낳
을 수 있도록 산아제한 정책을 바꾸었다.

4 户口本(hùkǒuběn 호구책)

'户口本 hùkǒuběn'은 본인과 가족들이 함께 살고 있는 거주지를 표기하는 증서이
다. 여기엔 주소, 이름, 호주 및 호주와의 관계 등이 기재되어 있다. 호구는 취직이나
학교에 입학할 때 반드시 제시해야 한다. 예컨데 초·중·고등학교에 입학할 때 학교
소재지의 호구가 아닐 경우 받아 주지 않거나 학비가 아주 비싸다. 취직할 때도 대다
수가 직장소재지의 호구를 요구하는 경우가 많다. 따라서 중국에서는 호구가 아주 큰
의미를 지니고 있다. 농촌 호구인 사람은 도시에 이사 가더라도 호구를 마음대로 옮
길 수 없지만, 시내 호구는 농촌 호구로 마음대로 전환할 수 있다.

第七课

这是什么？

기초 회화

女儿: Māma, zhè shì shénme?
妈妈, 这 是 什么?

엄마, 이거 뭐야?

妈妈: Zhè shì huā.
这 是 花。

이것은 꽃이야.

女儿: Zhè shì shénme huā?
这 是 什么 花?

이것은 무슨 꽃이야?

妈妈: Zhè shì kāngnǎixīn.
这 是 康乃馨。

이것은 카네이션이야.

女儿: Nà shì shénme huā?
那 是 什么 花?

저것은 무슨 꽃이야?

妈妈: Nà shì méihuā.
那 是 梅花。

저것은 매화야.

这 zhè （대） 1) 이것 2) 이 사람, 이 분
是 shì （동） …이다
花 huā （명） 꽃
妈妈 māma （명） 엄마
康乃馨 kāngnǎixīn （명） 카네이션
梅花 méihuā （명） 매화

Nǐ shì dàxuéshēng ma?
辛闵: 你 是 大学生 吗?

Wǒ bú shì dàxuéshēng, wǒ shì yánjiūshēng.
相美: 我 不 是 大学生, 我 是 研究生。

Tā shì shuí?
辛闵: 他 是 谁?

Tā shì wǒ nánpéngyou.
相美: 他 是 我 男朋友。

Tā yě shì yánjiūshēng ma?
辛闵: 他 也 是 研究生 吗?

Tā bú shì yánjiūshēng, tā shì gōngsī zhíyuán.
相美: 他 不 是 研究生, 他 是 公司 职员。

당신은 대학생입니까?

저는 대학생이 아니라, 대학원생입니다.

저분은 누구십니까?

저분은 제 남자친구입니다.

저분도 대학원생입니까?

그는 대학원생이 아니라, 회사원입니다.

大学生 dàxuéshēng 명 대학생
研究生 yánjiūshēng 명 대학원생
他 tā 대 그, 그 사람
谁 shuí/shéi 대 누구
男 nán 명 남자, 남성
朋友 péngyou 명 친구
公司 gōngsī 명 회사, 직장
职员 zhíyuán 명 직원, 사무원

문형 익히기

1

这是……。 이것은 ……입니다.

| Zhè
这
Zhè
这 | shì
是 | kāfēi.
咖啡。
yǐnliào.
饮料。 |

▶ 이것은 커피입니다. | 이것은 음료수입니다.

중국어의 어순은 '주어+술어+목적어'이다. 따라서 '이것은 책입니다.'는 '这是书.'라고 표현해야 한다. 여기서 주어는 '这'이고, 술어는 '是'이고, 목적어는 '书'이다.

2

这不是……。 이것은 ……이 아닙니다.

| Zhè
这
Zhè
这 | bú shì
不是 | huā.
花。
bǐ.
笔。 |

▶ 이것은 꽃이 아닙니다. | 이것은 펜이 아닙니다.

'是'의 부정은 '不是'이다.

3

这是……吗? 이것은……입니까?

| Zhè shì shǒujī ma?
这 是 手机 吗?
Zhè shì shǒujī.
这 是 手机。吗 | Nà shì yuánzhūbǐ ma?
那 是 圆珠笔 吗?
Nà bú shì yuánzhūbǐ.
那 不 是 圆珠笔。吗 |

▶ 이것은 핸드폰입니까? | 이것은 핸드폰입니다. | 저것은 볼펜입니까? | 저것은 볼펜이 아닙니다.

'是……吗?'는 '……입니까?'라는 뜻으로 의문을 나타내며, 이에 대한 긍정형 대답은 문 말의 '吗'를 빼면 되고, 부정형 대답은 '是' 앞에 '不'를 붙이면 된다.

4

这是什么……?　　　이것은 무슨 ……입니까?

Zhè shì shénme shū?
这 是 什么 书?
Zhè shì Hànyǔ shū.
这 是 汉语 书。

Nà shì shénme huā?
那 是 什么 花?
Nà shì méiguìhuā.
那 是 玫瑰花。

▶ 이것은 무슨 책입니까? | 이것은 중국어책입니다. | 저것은 무슨 꽃입니까? | 저것은 장미꽃입니다.

'什么'는 '무엇'이라는 뜻으로 의문을 나타내는데, 이에 대한 긍정형 대답은 '什么'가 위치한 곳에 해당하는 단어로 대체하면 된다.

5

这是谁的……?　　　이것은 누구의……입니까?

Zhè shì shuí de shǒujī?
这 是 谁 的 手机?
Zhè shì wǒ de shǒujī.
这 是 我 的 手机。

Nà shì shuí de yuánzhūbǐ?
那 是 谁 的 圆珠笔?
Nà shì tā de yuánzhūbǐ.
那 是 他 的 圆珠笔。

▶ 이것은 누구의 핸드폰입니까? | 이것은 제 핸드폰입니다. | 저것은 누구의 볼펜입니까? | 저것은 그의 볼펜입니다.

'谁'는 '누구'라는 뜻으로 의문을 나타내는데, 이에 대한 긍정형 대답은 '谁'가 위치한 곳에 해당하는 단어로 대체하면 된다.

말하기 연습

1 '什么, 무엇'이 목적어로 쓰이는 회화를 연습해보세요.

> 보기
>
>
>
> **A:** 这是什么？　이것은 무엇입니까?
>
> **B:** 这是手机。　이것은 핸드폰입니다.
>
> 手机 shǒujī 핸드폰

A: 这是什么？

B: ＿＿＿＿＿＿＿＿＿＿＿＿＿＿。

kùzi
裤子 바지

A: 那是 ＿＿＿＿＿＿＿＿＿＿?

B: 那是裤子。

A: 这 ＿＿＿＿＿＿＿ 什么？

B: ＿＿＿＿＿＿＿＿＿＿＿＿＿＿。

diànhuà
电话 전화기

A: 那是什么？

B: ＿＿＿＿＿＿＿＿＿＿＿＿＿＿。

2 '谁, 누구'가 한정어와 목적어로 쓰이는 회화를 연습해보세요.

yuánzhūbǐ
圆珠笔 볼펜

A: 这是谁的圆珠笔?

B: 这是_____的圆珠笔。

A: 他是谁?

B: _____。

yǔsǎn
雨伞 우산

yīfu
衣服 옷

A: 这是你的雨伞吗?

B: 这不是我的雨伞。

A: 这是谁的_____?

B: 不知道(zhīdào알다)。

A: 这是你的_____吗?

B: 这不是我的衣服。

A: 这是_____?

B: 这是我妹妹的衣服。

그림 보고 말하기

dàifu
大夫 의사

lǎoshī
老师 선생님

chúshī
厨师 요리사

sījī
司机 운전기사

fúwùyuán
服务员 서비스요원

jǐngchá
警察 경찰

yùndòngyuán
运动员 운동선수

gēshǒu
歌手 가수

위의 직업을 아래의 빈칸에 적어 넣은 다음 옆에 앉은 친구에게 큰 소리로 말해 보세요.

我爸爸是_____, 我妈妈是_____,

我叔叔是_____, 我大哥是_____,

我二哥是_____, 姐姐是_____,

我弟弟是_____, 我是_____。

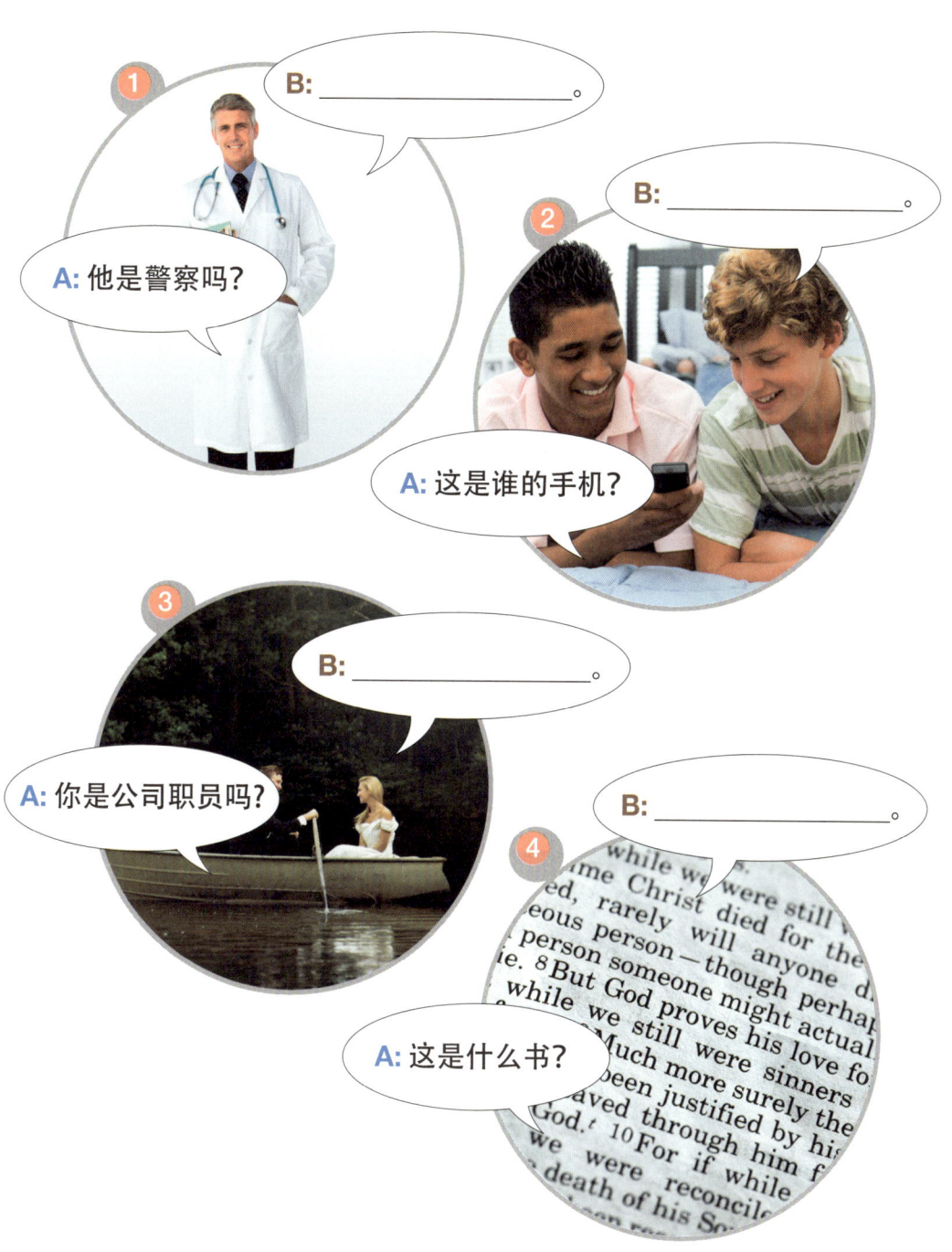

1

B: ＿＿＿＿＿＿＿＿＿＿＿。

A: 他是警察吗?

2

B: ＿＿＿＿＿＿＿＿＿＿＿。

A: 这是谁的手机?

3

B: ＿＿＿＿＿＿＿＿＿＿＿。

A: 你是公司职员吗?

4

B: ＿＿＿＿＿＿＿＿＿＿＿。

A: 这是什么书?

쓰기에 도전하기

1 주어진 단어로 문장을 만들어 보세요.

1) 这 衣服 谁 是 的

▶ _____ 。

2) 手机 是 的 这 我

▶ _____

3) 我姐姐 我妹妹 她 是 不 是 她

▶ _____ 。

4) 也 是 他 公司职员

▶ _____ 。

5) 那 什么 花 是

▶ _____ 。

2 '什么 무엇'과 '谁 누구'로 문장을 만들어 보세요.

> "什么" ☞ **A:** 这是什么？　　　"谁" ☞ **A:** 这是谁的雨伞？
> 　　　　 **B:** 这是英语书。　　　　　　　 **B:** 这是我的雨伞。

1) "什么" **A:** _____ ?

　　　　 B: _____ 。

2) "谁" **A:** _____ ?

　　　　 B: _____ 。

第八课

你家在哪儿？

기초 회화

英南: Nǐ jiā zài nǎr?
你 家 在 哪儿?

相美: Wǒ jiā zài Yīshān.
我 家 在 一山。

英南: Wǒ jiā yě zài Yīshān.
我 家 也 在 一山。

相美: Shì ma? Yīsān shénme dòng?
是 吗? 一山 什么 洞?

英南: Báishídòng.
白石洞。

相美: Zhēn yǒuyìsi, wǒ jiā yě zài Báishídòng.
真 有意思, 我 家 也 在 白石洞。

당신의 집은 어디에 있습니까?

저희 집은 일산에 있습니다.

저희 집도 일산에 있어요.

그래요? 일산 무슨 동입니까?

백석동요.

정말 재미있네요, 저희 집도 백석동에 있습니다.

家 jiā 옝 집
在 zài 동 (사람이나 사물이) …에 있다
一山 Yīshān 옝 일산(지명)
洞 dòng 동(한국의 지방행정 단위)
什么洞 shénme dòng 무슨 동
白石洞 Báishídòng 옝 백석동(지명)
真 zhēn 톈 정말

실전 회화

小光: 你 在 哪儿 吃 午饭?
Nǐ zài nǎr chī wǔfàn?

小伟: 我 在 公司 食堂 吃 午饭。
Wǒ zài gōngsī shítáng chī wǔfàn.

小光: 晚饭 呢?
Wǎnfàn ne?

小伟: 在 外面 的 饭店 吃。
Zài wàimian de fàndiàn chī.

小光: 那 早饭 呢?
Nà zǎofàn ne?

小伟: 我 一般 不吃 早饭。
Wǒ yìbān bù chī zǎofàn.

당신은 어디에서 점심식사를 하십니까?

저는 회사식당에서 점심을 먹습니다.

저녁은요?

밖의 식당에서 먹습니다.

그럼 아침은요?

저는 보통 아침을 먹지 않습니다.

在 zài ㉞ …에서
吃 chī ⑧ 먹다
午饭 wǔfàn ⑨ 점심 식사, 오찬
食堂 shítáng ⑨ (기관·단체 내의) 구내 식당
外面 wàimian ⑨ 바깥, 밖
的 de ㉘ …의
饭店 fàndiàn ⑨ 1) 식당 2) 호텔
早饭 zǎofàn ⑨ 아침 식사, 조반
呢 ne ㉘ …은요?
一般 yìbān ⑨ 보통, 일반적으로

1

동사 '在 …에 있다'의 긍정형

> Nǐ jiā zài nǎr?
> 你 家 在 哪儿?
>
> Wǒ jiā zài Yīshān.
> 我 家 在 一山。

> Māma zài jiā ma?
> 妈妈 在 家 吗?
>
> Māma zài jiā.
> 妈妈 在 家。吗

▶ 당신의 집은 어디에 있습니까? | 저희 집은 일산에 있습니다. | 어머님이 집에 계십니까? | 어머님은 집에 계십니다.

동사 '在 zài …에 있다'는 사물이나 사람이 어떤 장소에 '존재하다, 있다'라는 뜻으로, 뒤에는 일반적으로 장소를 나타내는 목적어가 온다. '哪儿 nǎr'은 '어디'라는 뜻으로 의문을 나타내는데, 이에 대한 긍정형 대답은 '哪儿 nǎr'이 위치한 곳에 해당하는 단어로 대체하면 된다. 그리고 '吗'는 문말에 와서 '…까?'라는 뜻으로 의문을 나타내는데 이에 대한 긍정형 대답은 문말의 '吗'를 빼면 된다.

2

동사 '在 …에 있다'의 부정형

> Wǒ jiā
> 我 家
>
> Bàba
> 爸爸
>
> Yàoshi
> 钥匙

> bú zài
> 不 在

> Shǒu'ěr.
> 首尔。
>
> jiā.
> 家。
>
> zhuōzi shang.
> 桌子 上。

▶ 우리집은 서울에 있지 않습니다. | 아빠는 집에 계시지 않습니다. | 열쇠는 테이블 위에 있지 않습니다.

동사 '在 zài …에 있다'의 부정은 '在 zài' 앞에 '不'를 붙이면 된다.

3

전치사 '在 …에서'의 긍정형

Nǐ zài nǎr gōngzuò?
你在哪儿 工作?

Wǒ zài yīyuàn gōngzuò.
我 在 医院 工作。

Nǐ zài jiā chī wǎnfàn ma?
你在家 吃 晚饭 吗?

Wǒ zài jiā chī wǎnfàn.
我 在 家 吃 晚饭。吗

▶ 당은 어디에서 근무하십니까? | 저는 병원에서 근무합니다. | 당신은 집에서 저녁식사를 하십니까? | 저는 집에서 저녁식사를 합니다.

전치사 '在 zài …에서' 뒤에는 일반적으로 장소를 나타내는 명사가 오며, 일반적으로 술어동사 앞에 쓰여 부사어 역할을 한다.

주어 + 在 + 장소 + 술어 + 목적어	Wǒ	zàijiā	chī	wǎnfàn.
부사어	我	在家	吃	晚饭。
	주어	부사어	술어	목적어

'哪儿 nǎr 어디'에 대한 긍정형 대답은 '哪儿 nǎr'이 위치한 곳에 해당하는 단어로 대체하면 되고, '吗 …까'에 대한 긍정형 대답은 문말의 '吗'를 빼면 된다.

4

전치사 '在 …에서'의 부정형

Wǒ
我

Māma
妈妈

Bàba
爸爸

bú
不

zài
在

jiā
家

yínháng
银行

jiā
家

chī zǎofàn.
吃 早饭。

gōngzuò.
工作。

chōuyān.
抽烟。

▶ 나는 집에서 아침식사를 하지 않는다. | 어머님은 은행에서 근무하지 않는다. | 아빠는 집에서 담배를 피우지 않는다.

전치사 '在 zài …에서'의 부정은 '在 zài' 앞에 '不'를 붙이면 된다.

말하기 연습

1 '哪儿, 어디'가 목적어로 쓰이는 회화를 연습해보세요.

보기

A: 雨伞在哪儿?　　우산은 어디에 있습니까?

B: 雨伞在门旁边(pángbiān)。　우산은 문 옆에 있습니다.

yàoshi
钥匙　열쇠

lājītǒng
垃圾桶　쓰레기통

A: 钥匙在哪儿?

B: _____。

A: _____?

B: 垃圾桶在桌子下边(xiàbian 아래쪽)。

2 문말에 '……吗?'를 이용한 질문에 부정으로 대답해 보세요.

보기

A: 你在医院工作吗?　당신은 은행에서 근무하십니까?

B: 我不在医院工作。　저는 은행에서 근무하지 않습니다.

shūdiàn
书店　서점

bǎihuòshāngdiàn
百货商店　백화점

A: 你在书店买书吗?

B: _____。

A: _____?

B: 我不在百货商店买衣服。

3 '在哪儿'이 부사어로 쓰이는 회화를 연습해보세요.

> 보기
>
>
>
> **A: 你在哪儿喝咖啡?** 당신은 어디에서 커피를 마십니까?
>
> **B: 我在咖啡厅喝咖啡。** 저는 커피숍에서 커피를 마십니다.

kàndiànyǐng diànyǐngyuàn
看电影 → 电影院
영화를 보다 → 영화관

买书 → 书店
책을 사다 → 서점

吃 早饭 → 家
아침식사를 하다 → 집

bǔxíbān
学 汉语 → 补习班
중국어를 배우다 → 보습학원

huànchē   Shǒu'ěrzhàn
换车   →   首尔站
차를 갈아타다 → 서울역

yínháng
工作 → 银行
일하다 → 은행

그림 보고 말하기

사물 + 在 + 上边/下边/旁边 ……은 위에/아래/옆에 있다.

mão
猫 고양이

shàngbian
上边 위

zhuōzi
桌子 테이블

pángbiān
旁边 옆

1 회화

A: 猫在哪儿?

B: 猫在＿＿＿＿＿＿＿＿＿＿＿。

A: 小狗呢?

B: 小狗在＿＿＿＿＿＿＿＿＿＿＿。

A: 雨伞呢?

B: 雨伞在 ＿＿＿＿＿＿＿＿＿＿＿。

A: 知道了(알겠습니다)。

shāfā
沙发 소파

xiǎogǒu
小狗 강아지

xiàbian
下边 아래

yǔsǎn
雨伞 우산

2 서술하기

猫在桌子上边, 狗在沙发下边, 雨伞在沙发旁边。

1
B: _____。

A: 他在哪儿工作?

2
B: _____。

A: 你在哪儿吃午饭?

3
B: _____。

银行

百货
商店

A: 银行在哪儿?

4
B: _____。

A: 你在哪儿换车
(huànchē, 차를 갈아타다)?

xīncūn
新村

회화에 도전하기

1 2인 1조로 아래의 문답 연습을 하는데, 처음에는 두 사람 모두 책을 보고 하고, 두 번째는 질문하는 사람만 책을 보고 해보세요.

A: 你家在哪儿?

B: _____。

A: 你们公司在哪儿?

B: _____。

A: 你一般吃早饭吗?

B: _____。

A: 晚饭呢?

B: 有时(yǒushí, 때로는)在外面吃, 有时回家(huíjiā, 집에 돌아가다)吃。

2 보기 단어를 이용하여 대화로 나누어 보세요.

> **보기단어**
>
> 看书 kànshū 책을 보다 / 喝茶 hēchá 차를 마시다 / 买化妆品 mǎi huàzhuāngpǐn 화장품을 사다

A: 你一般在哪儿 + 동사? 　당신은 일반적으로…에서 …을 합니까?

B: _____。

A: _____。

B: _____。

A: _____。

B: _____。

쓰기에 도전하기

1 보기의 단어로 빈칸을 채워 보세요.

> **보기**
>
> 不，在，旁边，一般，在哪儿

1) 我家在首尔，我妈妈家_____釜山。

2) 我_____在大型超市买水果(shuǐguǒ 과일)。

3) 银行在百货商店_____。

4) 我妈妈_____在家。

5) 你_____工作?

2 동사 '在 있다'와 전치사 '在 …에서'를 이용하여 문장을 만들어 보세요.

> **보기**
>
> 동사 "在" ☞　A: 你家在哪儿?
> 　　　　　　 B: 我家在首尔。
> 전치사 "在" ☞　A: 你在哪儿买衣服?
> 　　　　　　　 B: 我在百货商店买衣服。

1) 동사 "在"　A: _____?

　　　　　　 B: _____。

2) 전치사 "在"　A: _____?

　　　　　　　 B: _____。

1 좋아하는 색과 싫어하는 색

1) 좋아하는 색

중국인들은 빨간색을 아주 선호합니다. 따라서 결혼식 날은 반드시 빨간 색으로 되어 있는 속옷과 드레스를 입어야 하며, 부조금도 반드시 빨간 봉투에 넣어서 주어야 합니다. 만약 한국같이 하얀 봉투에 넣어서 주면 큰일납니다. 왜냐하면 중국에서는 하얀색이 죽음을 뜻하기 때문입니다. 그밖에 명절 때 주는 세뱃돈과 회사에서 주는 보너스도 모두 빨간 봉투에 넣어서 줍니다. 그 이유는 빨간색이 불·사람의 혈색과 같으므로 힘을 뜻하기 때문입니다.

2) 싫어하는 색

하얀색을 아주 싫어합니다. 중국에서는 하얀 색은 죽음을 뜻합니다. 따라서 사람이 죽으면 모두 검은 옷을 입는 게 아니라 하얀 색 옷을 입습니다.

2 좋아하는 숫자와 싫어하는 숫자

1) 좋아하는 숫자

중국인들은 짝수를 아주 좋아합니다. 따라서 선물 할 때도 짝수로 하는 경우가 많습니다. 짝수 중에서도 8자를 가장 선호하는데, 그 이유는 8(八 bā)자의 발음이 发财(fācái, 부자가 되다)의 '发'와 비슷하기 때문입니다.

2) 싫어하는 숫자

한국인들과 마찬가지로 중국인들은 4자를 아주 싫어합니다. 그 이유는 4(四 sì)자의 발음이 死(sǐ, 죽다)의 발음과 비슷하기 때문입니다.

第九课

你家有几口人？

기초 회화

小雨: Nǐ yǒu háizi ma?
你 有 孩子 吗?

小光: Wǒ yǒu háizi.
我 有 孩子。

小雨: Nǐ yǒu jǐ ge háizi?
你 有 几 个 孩子?

小光: Wǒ yǒu liǎng ge háizi.
我 有 两 个 孩子。

小雨: Érzi háishi nǚ'ér?
儿子 还是 女儿?

小光: Yí ge érzi, yí ge nǚ'ér.
一 个 儿子, 一 个 女儿。

당신은 아이가 있습니까?

저는 아이가 있습니다.

몇 명의 아이가 있습니까?

두 명의 아이가 있습니다.

아들입니까? 딸입니까?

하나는 아들이고, 하나는 딸입니다.

有 yǒu ⑧ 가지고 있다, 소유하다 [소유를 나타냄]
孩子 háizi ⑲ (어린)아이, 어린이
几 jǐ ④ 몇 [주로 10 이하의 확실치 않은 수를 물을 때 쓰임]
个 gè ⑳ 개, 명, 사람
两 liǎng ④ 둘 [주로 양사 앞에 쓰임]
儿子 érzi ⑲ 아들
女儿 nǚ'ér ⑲ 딸
还是 háishi ⑲ 아니면, 또는 [의문문에 쓰여 선택을 나타냄]

明明: **你 家 有 几 口 人?**
Nǐ jiā yǒu jǐ kǒu rén?

丽丽: **我 家 有 五 口 人。**
Wǒ jiā yǒu wǔ kǒu rén.

明明: **都 有 什么 人?**
Dōu yǒu shénme rén?

丽丽: **爸爸、妈妈、哥哥、姐姐 和 我。**
Bàba, māma, gēge, jiějie hé wǒ.

明明: **真 羡慕 你 啊! 我 没 有 哥哥,**
Zhēn xiànmù nǐ a! Wǒ méi yǒu gēge,
也 没 有 姐姐, 我 只 有 一 个 弟弟。
yě méi yǒu jiějie, wǒ zhǐ yǒu yí ge dìdi.

당신의 집은 몇 식구입니까?

저희 집은 5식구입니다.

누구누구 있어요?

아빠, 엄마, 오빠, 언니와 저입니다.

정말 부럽습니다! 저는 형도 없고, 누나도 없고, 남동생 하나만 있습니다.

口 kǒu ㉖ 식구 [식구를 셀 때 쓰임]
人 rén ㉑ 사람
几口人 jǐ kǒu rén 몇 식구
都 dōu ㉟ 모두, 다
和 hé ㉚ ~와
羡慕 xiànmù ㉓ 부러워하다
没 méi ㉓ 없다, 가지고 있지 않다
只 zhǐ ㉟ 단지, 다만

문형 익히기

1

사람/장소 + 有……吗? ……이 있습니까?

Nǐ
你
Nǐ jiā
你 家

yǒu
有

dìdi
弟弟
dǎyìnjī
打印机

ma?
吗?

▶ 당신은 남동생이 있습니까? | 당신의 집에 프린터가 있습니까?

'有'는 '무엇을 소유하고 있다'라는 뜻으로 사람이나 장소가 주어가 되고 사람이나 물건이 목적어가 되는 반면 '在'는 '무엇이 존재하다'라는 뜻으로 사람이나 물건이 주어가 되고 장소만이 목적어가 될 수 있다.

사람/장소 + 有 + 사람/물건 ⇨

wǒjiā yǒu dǎyìnjī.
我 家　有　打印机。
장소　有　물건

사람/물건 + 在 + 장소 ⇨

Dǎyìnjī zài shūfáng.
打印机　在　书房。
물건　在　장소

2

사람/장소 + 没有……。 …이 없습니다.

Wǒ
我
Wǒ jiā
我 家

méi
没

yǒu
有

qián.
钱。
shūfáng.
书房。

▶ 저는 돈이 없습니다. | 우리집에는 서재가 없습니다.

'有'의 부정은 '没有'이다.

3

A 还是 B? A 또는 B?

Nǐ shì Zhōngguórén
你 是　中国人

Nǐ yào kāfēi
你 要 咖啡

háishi
还是

Hánguórén?
韩国人?

lǜchá?
绿茶?

▶ 당신은 중국인입니까? 한국인입니까? | 커피를 드릴까요? 녹차를 드릴까요?

'还是 háishi 또는'는 두 가지 상황을 제시한 후, 그 중 한 가지 상황을 선택하도록 하는 선택의문 문에 쓰이며, 서술문에는 쓰일 수 없다. 선택의문문에 대한 대답은 A혹은 B 중 한 가지를 선택하면 된다.

4

사람/장소 + 有几个/口…? …몇 개/식구 있습니까?

Nǐ
你

Nǐ jiā
你家

yǒu
有

jǐ
几

ge
个

kǒu
口

mèimei?
妹妹?

rén?
人?

▶ 당신은 여동생이 몇 명 있습니까? | 당신의 집에는 몇 식구입니까?

'几 jǐ 몇'는 주로 10 이하의 수를 물을 때 쓰이며, 이에 대한 긍정형 대답은 '几'가 위치한 곳에 해당하는 단어로 대체하면 된다. 그리고 '几' 뒤에는 반드시 양사가 와야 한다. '这, 那' 그리고 숫자 뒤에도 양사가 와야 한다.

📖 3사람→ 三个人, 이 사람→ 这个人, 저 사람→ 那个人

> 几 / 숫자 / 这 / 那 + 양사 + 명사 ⇨ 几 口 人
> jǐ kǒu rén
> 이들 뒤에는 양사가 반드시 와야 한다　　几　양사　명사

양사랑 친해지기

자주 사용하는 양사 일람표

양사	양사가 나타내고 있는 뜻	결합되어 사용되는 명사
个	개,명(주로 전용 양사가 없는 명사에 두루 쓰임)	yí ge rén, liǎng ge píngguǒ 一个人 한 사람, 两 个 苹果 사과 두 개
张	종이, 책상, 침대 등과 같이 넓은 표면을 가진 물건	yì zhāng chuáng, liǎng zhāng zhuōzi 一 张 床 침대 하나, 两 张 桌子 테이블 두 개
把	손잡이가 있는 물건이나 손으로 집는 물건	yì bǎ yǔsǎn, liǎng bǎ dāo 一把雨伞 우산 한 자루, 两 把 刀 칼 두 자루
只	동물, 선박, 한 조를 이루는 물건 중의 어느 하나	yì zhī gǒu, yì zhī yǎnjing 一 只 狗 개 한 마리, 一 只 眼睛 한 쪽 눈
件	상의, 일, 사건 등을 셀 때 쓰임	yí jiàn yīfu, liǎng jiàn shìqing 一 件 衣服 옷 하나, 两 件 事情 두 가지 일
支	막대처럼 생긴 물건	yì zhī bǐ, liǎng zhī yān 一 支 笔 펜 하나, 两 支 烟 담배 두 개피
条	긴 물건 또는 바지, 치마, 강	yì tiáo hé, liǎng tiáo kùzi 一 条 河 강 하나, 两 条 裤子 바지 두 개
台	자전거, 차량, 전자제품 등을 셀 때 쓰임	yì tái diànnǎo, yì tái jīqì 一 台 电脑 컴퓨터 한 대, 一 台 机器 기계 한 대
本	책(노트는 '个'를 사용함)	yì běn shū 一 本 书 책 한 권
瓶	병	yì píng píjiǔ, yì píng yǐnliào 一 瓶 啤酒 맥주 한 병, 一 瓶 饮料 음료수 한 병
斤	무게의 단위	yì jīn niúròu, sān jīn báicài 一 斤 牛肉 쇠고기 한 근, 三 斤 白菜 배추 3근
套	세트	yí tào jiājù, yí tào yīfu 一 套 家具 가구 한 세트, 一 套 衣服 옷 한 벌
辆	차량을 셀 때 쓰임	yí liàng qìchē 一 辆 汽车 자동차 한 대
座	건축 또는 건축물과 유사한 고정된 물건을 셀 때 쓰임	yí zuò qiáo 一 座 桥 다리 하나
部	전화기, 영화 등을 셀 때 쓰임	yí bù diànhuà, yí bù diànyǐng 一 部 电话 전화 한 대, 一 部 电影 영화 한 편
块儿	시계, 사탕, 화폐 등을 셀 때 쓰임	yí kuàir shǒubiǎo, yí kuàir táng 一 块儿 手表 손목 시계 하나, 一 块儿 糖 사탕 한 알

■ 그림을 보고 적절한 양사로 빈칸을 채워보세요.

1

liǎng　　　　máoyī
两（　　　）毛衣

2

zhè　　　　kùzi
这（　　　）裤子

3

liǎng　　　　rén
两（　　　）人

4

Fángjiān li　yǒu liǎng　　　　　chuáng.
房间　里有　两（　　　）床。

5

Tā　jiā yǒu liǎng　　　　qìchē.
他家有　两（　　　）汽车。

6

Wǒ yǒu liǎng　　　　qiānbǐ.
我有　两（　　　）铅笔。

7

Wǒ xiǎng mǎi　yí　　　　Hánguó huàzhuāngpǐn.
我想买一（　　　）韩国　化妆品。

8

Wǒ yào　yì　　　　yǔsǎn.
我要一（　　　）雨伞。

9

Wǒ jiā yǒu　yì　　　　zhuōzi.
我家有一（　　　）桌子。

말하기 연습

1 두 사람이 역할을 나누어 아래의 회화를 해보세요.

> **보기**
>
> 铅笔: 你有铅笔吗?
>
> 당신은 연필이 있습니까?
>
> **我有铅笔。**
>
> 저는 연필이 있습니다.
>
> 汽车: 你有汽车吗?
>
> 당신은 자동차가 있습니까?
>
> **我没有汽车。**
>
> 저는 자동차가 없습니다.

1) 圆珠笔: 你有圆珠笔吗?

　　　　　 我有圆珠笔。

2) shǒutídiànnǎo:
   手提电脑: 你有手提电脑吗?

   노트북　　　我没有手提电脑。

3) 哥哥: _____?

　　　 _____。

4) Zhōngháncídiǎn
   中韩词典: _____?

   중한사전　　 _____。

2 '什么, 무엇'이 목적어로 쓰이는 회화를 연습해보세요.

> **보기**
>
>
>
> **A: 房间里有什么?** 방에는 무엇이 있습니까?
>
> **B: 房间里有电视、空调和沙发。**
>
> 방에는 텔레비전, 에어컨과 소파가 있습니다.

A: 桌子上有什么?

B: _____。

A: 教室里有 _____?

B: 教室里有桌子、椅子和黑板。

3 '还是, 또는'를 이용한 회화를 연습해보세요.

A: 你是中国人还是韩国人?
당신은 중국인입니까? 한국인입니까?
B: 我是韩国人。 저는 한국인입니다.

mǐfàn
吃米饭
쌀밥을 먹다

miànbāo
面包 빵

喝 咖啡
커피를 마시다

茶
차

4 '几, 몇'을 이용한 질문에 대답해보세요.

A: 他家有几口人?

B: 他家有 _____。

A: 房间里有 _____?

B: 房间里有三个人。

① 회화

보기단어

面包 miànbāo 빵, 电视机 diànshìjī 텔레비전, 闹钟 nàozhōng 알람시계

A: 房间里有几个人?

B: _____。

A: 几个男的? 几个女的?

B: _____。

A: 桌子上有什么?

B: _____。

A: 电视机上有什么?

B: _____。

② 서술하기

房间里有三个人, 桌子上有汉语书、面包和饮料, 电视机上有一个闹钟。

③ 지금 있는 곳에 무엇이 있는지 짝꿍에게 말씀해 보세요.

1

B: _____。

A: 他家有几口人？

2

B: _____。

A: 办公室里有什么？

A: 你想喝咖啡还是茶？

3

B: _____。

4

B: _____。

A: 他有几个孩子？

쓰기에 도전하기

1 보기의 단어로 빈칸을 채워 보세요.

> **보기**
>
> 有，没，只，也，羡慕

1) 我是韩国人，他_____是韩国人。

2) 我_____一个哥哥和一个妹妹。

3) 我_____有汽车。

4) 我_____有一个孩子。

5) 我非常_____你。

2 '有'와 '在'로 빈칸을 채워보세요.

1) 你_____哪儿工作?

2) 我妈妈不_____医院工作。

3) 我家_____电脑，也_____打印机。

4) 教室里没_____桌子。

5) 我的汉语书_____家里。

6) 我_____两个妹妹。

7) 对不起，张科长不_____。

8) 我没_____房子(fángzi 집)，也没_____汽车。

第十课

你今年多大？

기초 회화

李军: 你 姓 什么?
Nǐ xìng shénme?

王浩: 我 姓 王。
Wǒ xìng Wáng.

李军: 你 叫 什么 名字?
Nǐ jiào shénme míngzi?

王浩: 我 叫 王浩。
Wǒ jiào Wáng Hào.

李军: 你 今年 多大?
Nǐ jīnnián duōdà?

王浩: 我 今年 二十八 岁。
Wǒ jīnnián èrshíbā suì.

당신의 성은 어떻게 되십니까?

왕씨입니다.

성함은 어떻게 되십니까?

저는 왕하오라고 합니다.

당신은 올해 나이가 어떻게 되십니까?

저는 올해 28살입니다.

姓 xìng ⑧ 성이 …이다
王 Wáng ⑲ 왕(성씨)
叫 jiào ⑧ (이름을)…라고 부르다
名字 míngzi ⑲ 이름
王浩 Wáng Hào ⑲ 왕하오(인명)
今年 jīnnián ⑲ 올해
多大 duōdà (나이가) 얼마
岁 suì ⑲ 살, 세 [연령을 세는 단위]

실전 회화

英南: Rènshi nǐ hěn gāoxìng.
认识 你 很 高兴。

당신을 알게되어 대단히 기쁩니다.

相美: Rènshi nǐ wǒ yě hěn gāoxìng.
认识 你我 也很 高兴。

당신을 알게되어 저도 대단히 기쁩니다.

英南: Nǐ shì nǎ guó rén?
你 是 哪 国 人?

당신은 어느 나라 사람입니까?

相美: Wǒ shì Hánguórén.
我 是 韩国人。

저는 한국인입니다.

英南: Nǐ zuò shénme gōngzuò?
你 做 什么 工作?

당신은 어떤 일을 하십니까?

相美: Wǒ shì yínháng zhíyuán.
我 是 银行 职员。

저는 은행원입니다.

认识 rènshi 동 (글·길·사람을) 알다
高兴 gāoxìng 형 기쁘다, 즐겁다
哪 nǎ 대 어느, 어떤
国 guó 명 국가, 나라
哪国人 nǎ guó rén 어느나라 사람
韩国人 Hánguórén 명 한국인
做 zuò 동 하다, 종사하다
什么工作 shénme gōngzuò 어떤 일
银行 yínháng 명 은행

1

你 + 多 + 大/高/重? 당신의 나이/키/몸무게는 얼마입니까?

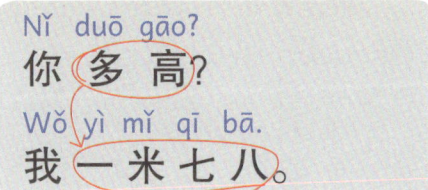

Nǐ jīnnián duō dà?
你 今年 多 大?

Wǒ jīnnián èrshíliù suì.
我 今年 二十六 岁。

Nǐ duō gāo?
你 多 高?

Wǒ yì mǐ qī bā.
我 一 米 七 八。

▶ 당신은 올해 나이가 어떻게 되십니까? | 저는 올해 26살입니다. | 당신의 키는 어떻게 되십니까? | 저는 1미터 78입니다.

나이, 키, 몸무게를 물을 땐 '多+大/高/重'의 형식을 이루는데, 주의할 것은 문장에 '是'가 없다는 것이다. 한국어에는 '저는 26세입니다.'라고 표현하지만, 중국어는 '26세'가 술어가 될 수 있기 때문에 '是'를 쓰지 않는다.

2

⋯⋯哪+양사+(명사)? 어느⋯⋯?

Nǐ shì nǎ guó rén?
你 是 哪 国 人?

Wǒ shì Hánguórén.
我 是 韩国人。

Nǐ xiǎng mǎi nǎ jiàn yīfu?
你 想 买 哪 件 衣服?

Wǒ xiǎng mǎi nà jiàn yīfu.
我 想 买 那 件 衣服。

▶ 당신은 어느 나라 사람입니까? | 저는 한국인입니다. | 당신은 어느 옷을 사려고 합니까? | 저는 저 옷을 사려고 합니다.

'哪 nǎ 어느'는 여러 사람이나 물건 가운데 어느 것인지 구체적으로 물을 때 쓰이며, 이에 대한 긍정형 대답은 '哪'가 위치한 곳에 해당하는 단어로 대체하면 된다. 그리고 '哪' 뒤에 반드시 양사나 수량사가 와야 한다.

 어느 차→ 哪辆汽车, 어느 옷→ 哪件衣服, 어느 사람→ 哪个人

哪 + 양사 + 명사	⇨	nǎ ge rén 哪 个 人 哪 양사 명사	哪 ✕ 人

'哪' 뒤에는 반드시 양사가 와야 한다

말하기 연습

 두 사람이 역할을 나누어 아래의 회화를 해보세요.

A: 他姓什么? 그는 성이 무엇입니까?

B: 他姓王。 그는 왕씨입니다.

A: 他叫什么名字? 그는 이름이 무엇이라고 합니까?

B: 他叫王浩。 그는 왕하오라고 합니다.

 '多+大/高'의 형식으로 나이, 키를 묻는 회화를 연습해보세요.

A: 他多高? 그는 키가 얼마나 큽니까?

B: 他一米八零。 그는 1미터 80 센티미터입니다.

A: 他今年多大? 그는 올해 나이가 얼마입니까?

B: 他今年三十二岁。 그는 올해 32살입니다.

25岁

A: 她多大?

B: ＿＿＿＿＿＿＿＿＿＿＿。

A: ＿＿＿＿＿＿＿＿＿＿＿?

B: 他一米七五。

3 '哪 어느'를 이용한 회화를 연습해보세요.

보기

A: 她是哪国人？
그녀는 어느 나라 사람입니까?

B: 她是韩国人。 그녀는 한국인입니다.

Yīngguórén
英国人 영국인

Rìběnrén
日本人 일본인

보기

A: 你想买哪辆汽车？
당신은 어떤 차를 사고 싶습니까?

B: 我想买这辆汽车。 저는 이 차를 사고 싶습니다.

A: 你想买哪条裙子？

B: ＿＿＿＿＿＿＿＿＿＿。

A: ＿＿＿＿＿＿＿＿＿＿？

B: 我想买这本书。

98

그림 보고 말하기

1

B: _____。

A: 认识你很高兴。

2

A: _____?

B: 我们汉语老师是中国人。

3

B: _____。

A: 你女儿今年多大?

4

B: _____。

A: 你想买哪个手机?

회화에 도전하기

1 2인 1조로 아래의 문답 연습을 하는데, 처음에는 두 사람 모두 책을 보고 하고, 두 번째는 질문하는 사람만 책을 보고 해보세요.

A: 你姓什么？

B: _____。

A: 你叫什么名字？

B: _____。

A: 你今年多大？

B: _____。

A: 你多高？

B: _____。

A: 你爸爸做什么工作？

B: _____。

2 제시된 단어로 아래의 문장을 완성한 다음 짝꿍에게 질문을 해보세요.

1) 你_____？ (哪)

2) 你爸爸_____？ (什么工作)

3) 你今年_____？ (多大)

4) 你妹妹_____？ (多高)

쓰기에 도전하기

1 보기의 단어로 빈칸을 채워 보세요.

> **보기**
>
> 那 nà 저 것, 哪儿 nǎr 어디, 哪 nǎ 어느, 什么 shénme 무엇, 谁 shuí 누구

1) 你一般在_____买衣服?

2) 你想喝_____茶?

3) _____是你的汽车吗?

4) 你想买_____条裤子?

5) _____是班长?

2 주어진 단어로 문장을 만들어 보세요.

1) 认识　我　你们　汉语老师

   ▶ _____。

2) 爸爸　你　什么　做　工作

   ▶ _____。

3) 你　大　今年　妈妈　多

   ▶ _____。

4) 这　衣服　件　漂亮　真

   ▶ _____。

5) 叫　名字　什么　朋友　你　的

   ▶ _____。

중국의 주요 교통 수단

1 자전거 (自行车 zìxíngchē)

중국인들은 자전거를 주 교통 수단으로 자주 이용한
다. 학생들이 등교할 때나 직장인들이 출퇴근할 때
보통 하루 1~2시간 정도 자전거를 탄다. 따라서 중
국에서 자전거는 생활의 일부이다.

중국의 거리는 자전거가 있기에 더욱 이색적이다. 짧은 미니스커트를 입고 자전거
를 타고 다니는 아가씨들의 아찔한 모습, 자전거 뒤에 물건을 산더미 같이 싣고 다
니는 아저씨들, 그리고 여자 친구를 자전거 뒤에 태우고 다니는 젊은이들의 행복한
모습, 정말 소박하고 아름답게 보인다.

중국의 자전거는 번호판이 있으며, 일년에 한 번씩 정기점검도 받아야 한다. 그리
고 유료로 자전거를 세우는 전문 자전거주차장 (存车处 cúnchēchù)도 따로 있
다.

2 기차 (火车 huǒchē)

중국의 국토 면적은 약 960만 평방미터이며, 이는 한반도
의 40~50배 정도된다. 이렇게 넓은 땅에서 기차를 타게
되면 보통은 10시간이고 멀면 20~30시간 정도 된다. 따
라서 중국의 기차엔 식당은 물론 침대칸까지 있다.

1) 软卧 ruǎnwò 일등 침대석 : 4인 1실로, 침대 4개가 상하로 되어 있다. 시설이
   좋은 만큼 가격도 비싸다.
2) 硬卧 yìngwò 일반 침대석 : 침대가 상, 중, 하 3단이고, 차량 한 대가 모두 침대
   로 되어 있다. 인원수는 약 20~30명 정도가 된다.
3) 软座 ruǎnzuò 1등석 : 한국 새마을호와 비슷하며, 통로가 넓고 의자가 편하다.
4) 硬座 yìngzuò 일반석 : 가장 일반적이고 싼 좌석이다. 딱딱한 나무로 만들어진
   고정 의자이기 때문에 장시간 이용 시 아주 불편하다.

第十一课

这个周末你打算去滑雪吗?

기초 회화

明明:
Zhè ge zhōumò nǐ dǎsuan qù huáxuě ma?
这 个 周末 你打算 去 滑雪 吗?

龙龙:
Shìde,　wǒ dǎsuan qù huáxuě.
是的, 我 打算 去 滑雪。

明明:
Nǐ gēn shuí yìqǐ qù?
你 跟 谁 一起 去?

龙龙:
Wǒ gēn péngyou yìqǐ qu.
我 跟 朋友 一起 去。

明明:
Wǒ yě xiǎng qù huáxuě,
我 也 想 去 滑雪,
kěshì zhè ge zhōumò wǒ děi jiābān.
可是 这 个 周末 我 得 加班。

龙龙:
Shì ma? Zhēn kěxī!
是 吗? 真 可惜!

이번 주말에 당신은 스키 타러 가실 겁니까?

네, 저는 스키 타러 갈 예정입니다.

누구랑 같이 가십니까?

저는 친구랑 함께 갈 것입니다.

저도 스키 타러 가고 싶은데, 이번 주말에 특근 해야합니다.

그래요? 정말 아쉽네요!

周末 zhōumò ⑲ 주말
这个周末 zhè ge zhōumò ⑲ 이번 주말
打算 dǎsuan ⑤ …할 작정이다, ⑲ 계획
滑雪 huáxuě ⑤ 스키를 타다
是的 shìde ⑤ 그래
跟 gēn ㉠ …와(과)
想 xiǎng ㉣ …하려 하다
可是 kěshì ㉺ 그러나, 하지만
得 děi ㉣ …해야 한다
加班 jiābān ⑤ 초과 근무를 하다, 잔업하다

小王: 今天　晚上　你有时间吗?
Jīntiān wǎnshang nǐ yǒu shíjiān ma?

오늘 저녁에 시간 있으십니까?

小张: 今天　晚上　我有约会。
Jīntiān wǎnshang wǒ yǒu yuēhuì.

저는 오늘 저녁에 약속이 있습니다.

小王: 那明天　晚上　呢?
Nà míngtiān wǎnshang ne?

그럼 내일 저녁은요?

小张: 什么　事儿?
Shénme shìr?

무슨 일인데요?

小王: 我想给你介绍一个女朋友。
Wǒ xiǎng gěi nǐ jièshào yí ge nǚpéngyou.

당신에게 여자친구를 소개해 주려고요.

小张: 真的? 太好了。
Zhēnde? Tài hǎo le.

정말요? 너무좋아요.

今天 jīntiān 명 오늘
晚上 wǎnshang 명 저녁
时间 shíjiān 명 시간
约会 yuēhuì 명 약속
事儿 shìr 명 일, 사정
给 gěi 전 …에게
介绍 jièshào 동 소개하다
女 nǚ 형 여성의
真的 zhēnde 정말로
太…了 tài…le 너무…하다

문형 익히기

1

你打算……吗? ……할 예정입니까?

Nǐ
你

dǎsuan
打算

qù liúxué
去 留学

jiàn tā
见 他

ma?
吗?

▶ 당신은 유학 갈 예정입니까? | 당신은 그를 만날 생각입니까?

'打算……할 예정이다' 뒤에는 명사가 올 수 없고 동사나 절이 와야 한다.

2

我不打算……。 ……할 생각이 없다.

Wǒ
我

bù
不

dǎsuan
打算

qù liúxué.
去 留学。

jiàn tā.
见 他。

▶ 나는 유학 갈 생각이 없다. | 나는 그를 만날 생각이 없다.

'打算……할 예정이다'은 '不'로 부정해야 한다.

3

단어	뜻	긍정형	부정형
打算	'…할 예정이다'의 의미로 계획된 일을 가리키므로 실현가능성이 높다.	**我打算明年结婚。** 나는 내년에 결혼할 생각이다.	**我不打算结婚。** 나는 결혼할 생각이 없다.
想	'…하려 하다, …하고 싶다'의 의미로 주관적 바람이나 희망을 나타내므로 실현가능성이 '打算'보다 낮음.	**我想去留学。** 나는 유학가고 싶다.	**我不想去留学。** 나는 유학가고 싶지 않다.

4

······跟······一起······。 ······와 ······을 함께······하다.

| Wǒ
我
Bàba
爸爸 | gēn
跟 | péngyou
朋友
māma
妈妈 | yìqǐ
一起 | qù kàn diànyǐng.
去 看 电影。
qù lǚxíng.
去 旅行。 |

▶ 나는 친구와 함께 영화를 보러 간다. | 아빠는 엄마와 함께 여행 간다.

'跟'의 앞과 뒤에는 사람이 와야 하고, '一起' 뒤에는 동사가 와야 한다.

5

······给······。 ······에게 ······을 해주다.

| Wǒ
我
Māma
妈妈 | gěi
给 | nǐ
你
wǒ
我 | jièshào
介绍
dǎ
打 | yí ge nǚpéngyou.
一 个 女朋友。
diànhuà.
电话。 |

▶ 내가 너에게 여자친구를 소개해 줄게. | 엄마가 나에게 전화를 해준다.

'…给…'는 '…에게 …을 해주다'란 의미를 나타내기 때문에 '给'의 앞과 뒤에는 사람이 와야 한다.

1 두 사람이 역할을 나누어 아래의 회화를 해보세요.

> **보기**
>
> | | | | |
> |---|---|---|---|
> | 换 工作： | 你打算换工作吗？ | *cízhí:* 辞职： | 你打算辞职吗？ |
>
> 换 工作： 你打算换工作吗？
> 직장을 옮기다: 당신은 직장을 옮길 생각입니까?
>
> 我打算换工作。
> 직장을 옮길 생각입니다.
>
> *cízhí:*
> 辞职: 你打算辞职吗？
> 사직하다: 당신은 사직할 생각입니까?
>
> 我不打算辞职。
> 저는 사직할 생각이 없습니다.

1) 买 汽车: 你打算买汽车吗？
   자동차를 사다 :
   我打算买汽车。

2) 去 旅行: 你打算去旅行吗？
   여행을 가다 :
   我不打算去旅行。

2 '什么, 무엇'이 목적어로 쓰이는 회화를 연습해보세요.

> **보기**
>
>
>
> **A:** 这个周末你打算做什么？
> 이번 주말에 무엇을 할 예정입니까?
>
> **B:** 我打算去度假(dùjià)。　휴가를 갈 예정입니다.

去 钓鱼 qù diàoyú, 낚시하러 가다

去 登山 qù dēngshān, 등산하러 가다

见 朋友 jiàn péngyou, 친구를 만나다

在家里 休息 zài jiā li xiūxi, 집에서 쉬다

3 '跟…一起'를 이용한 회화를 연습해보세요.

> 보기
>
> A: 你跟谁一起去？　 누구랑 함께 가십니까?
>
> B: 我跟我们科长一起去。　 저희 과장님이랑 함께 갑니다.

A: 你跟谁一起来？

B: _____。

A: _____？

B: 我跟我朋友一起去旅行。

4 '给…에게'를 이용한 질문에 대답해보세요.

> 보기
>
> A: 谁给你做饭？　 누가 밥을 해줍니까?
>
> B: 我妈妈给我做饭。　 저희 어머님이 밥을 해줍니다.

洗 衣服 xǐ yīfu
빨래를 하다

A: 谁给你 _____？

B: 我姐姐给我洗衣服。

打扫 房间
dǎsǎo fángjiān
방청소를 하다

A: _____ 打扫房间？

B: 我妈妈给我打扫房间。

쓰기에 도전하기

1 보기의 단어로 빈칸을 채워 보세요.

> 보기
>
> 打算，认识，高兴，约会，得，给

1) 今天爸爸很不＿＿＿＿＿＿＿＿。

2) 我＿＿＿＿＿＿＿你们科长。

3) 你＿＿＿＿＿＿＿什么时候(shénme shíhou, 언제)去中国?

4) 晚上我＿＿＿＿＿＿＿给妈妈打电话。

5) 这个周末我有一个＿＿＿＿＿＿＿。

6) 明天是妈妈的生日，我想＿＿＿＿＿＿＿妈妈买礼物。

2 동사 '打算 ……할 예정이다'와 명사 '打算 계획'으로 문장을 만들어 보세요.

> 보기
>
> 동사 "打算" A: 你打算做什么?　　　명사 "打算" A: 你有什么打算?
> 　　　　　　　B: 我打算在家里休息。　　　　　　　　B: 我打算明年结婚。

1) 동사 "打算" A: ＿＿＿＿＿＿＿＿＿＿＿＿?

　　　　　　　 B: ＿＿＿＿＿＿＿＿＿＿＿。

2) 명사 "打算" A: ＿＿＿＿＿＿＿＿＿＿＿＿?

　　　　　　　 B: ＿＿＿＿＿＿＿＿＿＿＿。

第十二课

你喜欢运动吗？

기초 회화

Nǐ xǐhuan yùndòng ma?
李明: 你 喜欢 运动 吗?

Wǒ bù xǐhuan yùndòng.
王浩: 我 不 喜欢 运动。

Nà nǐ xǐhuan zuò shénme?
李明: 那 你 喜欢 做 什么?

Wǒ xǐhuan hējiǔ hé chànggē.
王浩: 我 喜欢 喝酒 和 唱歌。

Nǐ bù xǐhuan zuò shénme?
李明: 你 不 喜欢 做 什么?

Wǒ bù xǐhuan zuò jiāwù.
王浩: 我 不 喜欢 做 家务。

당신은 운동을 좋아하십니까?

저는 운동을 좋아하지 않습니다.

그럼 당신은 무엇을 하기 좋아하십니까?

저는 술 마시는 것과 노래하는 것을 좋아합니다.

당신은 무엇을 싫어하십니까?

저는 가사일 하는 것을 싫어합니다.

喜欢 xǐhuan ⑧ 좋아하다
运动 yùndòng ⑲ 운동 ⑧ 운동하다
做 zuò ⑧ 하다
喝酒 hējiǔ ⑧ 술을 마시다
和 hé ⑳ …와(과)
唱歌 chànggē ⑧ 노래 부르다
家务 jiāwù ⑲ 가사, 집안일

小雨: Lìli hǎoxiàng xǐhuan nǐ.
丽丽 好像 喜欢 你。

리리가 너를 좋아하는 것 같은데.

小光: Nǐ shuō shénme?
你 说 什么?

뭐라고?

小雨: Lìli xǐhuan nǐ.
丽丽 喜欢 你。

리리가 너를 좋아한다고.

小光: Bùkěnéng.
不可能。

그럴 리가 없어.

小雨: Zěnme bùkěnéng?
怎么 不可能?

왜 그럴 리가 없어?

小光: Tā nàme piàoliang, yòu nàme yǒuqián,
她 那么 漂亮, 又 那么 有钱,
wǒ shénme dōu méi yǒu.
我 什么 都 没 有。

그녀는 그렇게 예쁘고,
돈도 그렇게 많은데,
나는 아무 것도 없잖아.

丽丽 Lìli 명 리리(인명)
好像 hǎoxiàng 부 …인 것 같다(추측을 나타냄)
说 shuō 동 말하다
不可能 bùkěnéng 그럴 리 없다
怎么 zěnme 대 어째서, 왜
那么 nàme 대 그렇게
漂亮 piàoliang 형 예쁘다
又 yòu 부 또한
有钱 yǒuqián 형 부유하다
什么都没有 shénme dōu méi yǒu 아무 것도 없다

문형 익히기

1

喜欢……吗? ……을 좋아합니까?

| Nǐ 你 | xǐhuan 喜欢 | yùndòng 运动
hējiǔ 喝酒
Wáng lǎoshī 王老师 | ma? 吗? |

▶ 당신은 운동하는 것을 좋아합니까? | 당신은 술 마시는 것을 좋아합니까? | 당신은 왕선생님을 좋아합니까?

'你喜欢她吗? 그녀를 좋아합니까?'에서 '喜欢' 뒤에 사람이 올 수 있다. 그러나 사람이 아닌 다른 것을 좋아한다는 표현은 '喜欢' 뒤에 명사를 붙이면 안 되고, 동사를 붙여야 한다. **예** '당신은 술을 좋아합니까?'는 '你喜欢酒吗?' 라고 하면 안 되고, '你喜欢喝酒吗?' 라고 표현해야 한다.

2

……喜欢做什么? ……은/는 무엇 하는 것을 좋아합니까?

| Nǐ xǐhuan zuò shénme?
你 喜欢 做 什么? | Nǐ bàba xiǎhuan zuò shénme?
你 爸爸 喜欢 做 什么? |
| Wǒ xǐhuan kàn diànshì.
我 喜欢 看 电视。 | Wǒ bàba xǐhuan diàoyú.
我 爸爸 喜欢 钓鱼。 |

▶ 당신은 무엇 하는 것을 좋아합니까? | 저는 텔레비전 보는 것을 좋아합니다. | 당신의 아버님은 무엇 하는 것을 좋아합니까? | 저희 아버님은 낚시하는 것을 좋아합니다.

앞에서 언급한 바와 같이 '喜欢' 뒤에는 사람이나 동사가 와야 한다. 따라서 '무엇을 좋아합니까?' 라는 표현은 '你喜欢做什么?'이다. 이에 대한 대답은 '做什么'가 위치한 곳에 해당하는 단어로 대체하면 된다. 참고로 '做 하다'와 결합할 수 있는 명사는 아래와 같다.

做+명사	zuò jiāwù 做 家务	zuòfàn 做饭	zuòcài 做菜	zuò zuòyè 做作业	zuò shēngyì 做 生意	zuò gōngzuò 做 工作
뜻	가사일을 하다	밥을 하다	요리를 하다	숙제를 하다	장사를 하다	일을 하다

3

好像……。 ……인 것 같다.

| Xiǎo Guāng
小光
Lǎoshī
老师
Tā bàba
他 爸爸 | hǎoxiàng
好像 | xǐhuan
喜欢
zài
在
shì
是 | nǐ.
你。
jiàoshì li.
教室 里。
lǎobǎn.
老板。 |

▶ 샤오광이 너를 좋아하는 것 같다. | 선생님은 교실에 계시는 것 같다. | 그의 아버님은 사장인 것 같다.

'好像 hǎoxiàng, …인 것 같다'은 추측을 나타내며, 그 뒤에는 술어가 와야 한다. (참고로 중국어에서 형용사와 동사가 모두 술어가 될 수 있다.) 즉, '주어+好像+술어+목적어'의 형식을 취한다.

4

什么都……。 어떠한 것도…….

| Wǒ
我
Xiǎo Yǔ
小雨
Tā
她 | shénme dōu
什么 都 | méi
没
bù
不
xiǎng
想 | yǒu.
有。
zhīdào.
知道。
mǎi.
买。 |

▶ 나는 아무것도 없다. | 샤오위는 아무것도 모른다. | 그녀는 무엇이든 사고 싶어 한다.

'什么'는 '무엇'이란 뜻으로 주로 의문문에 쓰이지만, 평서문에도 쓰인다. 평서문에서 '什么'는 '어떠한 것'이란 뜻으로 포괄적 의미를 나타낸다.

말하기 연습

1 두 사람이 역할을 나누어 아래의 회화를 해보세요.

> 보기
>
> dǎ wǎngqiú
> 打网球: 你喜欢打网球吗?
> 테니스를 치다: 당신은 테니스 치는 것을 좋아합니까?
>
> 我喜欢打网球。
> 저는 테니스 치는 것을 좋아합니다.
>
> tiàowǔ
> 跳舞: 你喜欢跳舞吗?
> 춤추다: 당신은 춤추는 것을 좋아합니까?
>
> 我不喜欢跳舞。
> 저는 춤추는 것을 좋아하지 않습니다.

yóuyǒng
1) 游泳: 你喜欢游泳吗?
수영하다 :

　　　我喜欢游泳。

xǐ sāngná
2) 洗 桑拿: 你喜欢洗桑拿吗?
사우나하다 :

　　　我不喜欢洗桑拿。

2 '什么, 무엇'이 목적어로 쓰이는 회화를 연습해보세요.

> 보기
>
>
>
> **A:** 他喜欢做什么? 그는 무엇 하기를 좋아합니까?
> **B:** 他喜欢唱歌。 그는 노래하기를 좋아합니다.

做饭 zuòfàn, 밥하다

洗碗 xǐwǎn, 설거지를 하다

打扫 房间 dǎsǎo fángjiān, 방청소를 하다

洗 衣服 xǐ yīfu, 빨래하다

3 주어진 질문에 '好像, …인 것 같다'로 대답해보세요.

보기

> **A:** 小雨喜欢做什么?   샤오위는 무엇하는 것을 좋아해?
>
> **B:** 他好像喜欢玩儿游戏(wánr yóuxì)。   그는 게임을 좋아하는 것 같아.

A: 老师在哪儿?

B: _____。

A: 你妈妈知道吗?

B: _____。

4 '怎么, 왜'를 이용한 질문에 대답해보세요.

보기

> **A:** 你怎么不吃啊?   왜 안 먹어?
>
> **B:** 我不饿。   난 배가 고프지 않아.

shòu
瘦 마르다

A: 你怎么这么(이렇게) 瘦啊?

B: _____。

jiéhūn
结婚 결혼하다

A: 你怎么不结婚啊?

B: _____。

그림 보고 말하기

보기단어

小猫 xiǎomāo 고양이,　兔子 tùzi 토끼,　小狗 xiǎogǒu 강아지,
鱼 yú 생선,　草 cǎo 풀,　肉 ròu 고기

1 회화

A: 小猫喜欢吃什么?

B: ＿＿＿＿＿＿＿＿＿＿＿＿。

A: 兔子喜欢吃什么?

B: ＿＿＿＿＿＿＿＿＿＿＿＿。

A: 小狗喜欢吃什么?

B: ＿＿＿＿＿＿＿＿＿＿＿＿。

A: 你喜欢吃什么?

B: ＿＿＿＿＿＿＿＿＿＿＿＿。

2 서술하기

小猫喜欢吃鱼，兔子喜欢吃草，小狗喜欢吃肉，我喜欢吃（　　　）。

1 B: _____。

A: 她喜欢做什么?

2 B: _____。

A: 汉语怎么这么难啊?

3 B: 妈妈好像在厨房(chúfáng 주방)里。

A: _____?

4 B: _____。

A: 他好像喜欢你。

회화화 쓰기에 도전하기

① 2인 1조로 아래의 문답 연습을 하는데, 처음에는 두 사람 모두 책을 보고 하고, 두 번째는 질문하는 사람만 책을 보고 해보세요.

A: 你喜欢做什么？ 不喜欢做什么？

B: _____。

A: 你妈妈喜欢做什么？ 不喜欢做什么？

B: _____。

A: 你喜欢谁？ 不喜欢谁？

B: _____。

② 보기의 단어로 빈칸을 채워 보세요.

> **보기**
>
> 好像， 怎么， 说， 不可能， 做家务

1) 老师_____明天不上课。

2) 我喜欢吃， 也喜欢玩儿， 我不喜欢_____。

3) 她_____不知道这件事。

4) 你_____不睡觉(shuìjiào 잠자다)啊？

5) 他_____不来。

第十三课

祝你生日快乐!

기초 회화

李光: Jīntiān xīngqī jǐ?
今天 星期 几?

오늘은 무슨 요일입니까?

王明: Jīntiān xīngqīsān?
今天 星期三。

오늘은 수요일입니다.

李光: Jīntiān jǐ yuè jǐ hào?
今天 几 月 几 号?

오늘은 몇 월 며칠입니까?

王明: Jīntiān bā yuè qī hào.
今天 八月 七号。

오늘은 8월 7일입니다.

李光: Míngtiān shì wǒ gēn wǒ àiren de jiéhūn jìniànrì,
明天 是我 跟我 爱人 的 结婚 纪念日,
wǒ děi gěi wǒ àiren mǎi lǐwù.
我 得 给我 爱人 买 礼物。

내일은 저와 저의 부인 결혼기념일이라서 부인에게 선물을 사줘야겠습니다.

王明: Nǐ zhēn shì ge hǎo zhàngfu!
你 真 是 个 好 丈夫!

당신은 정말 좋은 남편이네요!

星期 xīngqī ⑲ 요일
星期三 xīngqīsān ⑲ 수요일
月 yuè ⑲ 달, 월
号 hào ⑲ 일(날짜를 가리킴)
明天 míngtiān ⑲ 내일
结婚 jiéhūn ⑧ 결혼하다
纪念日 jìniànrì ⑲ 기념일
爱人 àiren ⑲ 남편 혹은 아내
丈夫 zhàngfu ⑲ 남편

李红: Zhù nǐ shēngrì kuàilè!
祝 你 生日 快乐!

생일 축하합니다!

王刚: Xièxie!
谢谢!

감사합니다!

李红: Zhè shì wǒ gěi nǐ mǎi de shēngrì lǐwù.
这 是 我 给 你 买 的 生日 礼物。

이것은 제가 당신에게 사 드린 생일 선물입니다.

王刚: Shì shénme ya?
是 什么 呀?

무엇입니까?

李红: Dǎkāi kàn kan ba.
打开 看 看 吧。

열어 보세요.

王刚: Shì wáwa, zhēn piàoliang!
是 娃娃, 真 漂亮!

인형이네요. 정말 예쁘네요!

祝 zhù 동 축하하다
生日 shēngrì 명 생일
快乐 kuàilè 형 즐겁다
买 mǎi 동 사다
礼物 lǐwù 명 선물
呀 ya 조 어세를 돕기 위하여 문장의 끝에 사용함
打开 dǎkāi 동 열다
看看 kànkan 좀 보다
吧 ba 조 문장의 맨 끝에 쓰여, 상의·제의·청유·명
　　령 등의 어기를 나타냄
娃娃 wáwa 명 인형

연·월·일·요일의 표현법

연	yījiǔbālíng nián, èrlínglíngbā nián, èrlíngyīsān nián **1980年, 2008年, 2013年** 1980년, 2008년, 2013년	연의 표현법: 연 앞에 숫자를 붙이면 되는데, 읽을 땐 숫자를 하나하나 읽으면 된다.
월	yī yuè, èr yuè, sān yuè, sì yuè, wǔ yuè, liù yuè…… **1月, 2月, 3月, 4月, 5月, 6月……** 1월, 2월, 3월, 4월, 5월, 6월……	월의 표현법: '月'앞에 숫자를 붙이면 된다.
일	yī hào, èr hào, sān hào, sì hào, wǔ hào, liù hào…… **1号, 2号, 3号, 4号, 5号, 6号……** 1일, 2일, 3일, 4일, 5일, 6일……	일의 표현법: '号'앞에 숫자를 붙이면 되는데, '号'대신 '日'을 써도 되는데, 구어에서는 주로 '号'를 쓴다.
요일	xīngqīyī, xīngqī'èr, xīngqīsān, xīngqīsì **星期一** 월요일, **星期二** 화요일, **星期三** 수요일, **星期四** 목요일, xīngqīwǔ, xīngqīliù, xīngqītiān(rì) **星期五** 금요일, **星期六** 토요일, **星期天(日)** 일요일	요일: '星期' 뒤에 숫자를 붙이면 된다. 일요일은 '星期天(日)'이라고 하는데 구어에서는 주로 '星期天'를 쓴다.
참고	1년 ▶ **一年**, 1개월 ▶ **一个月**, 일주일 ▶ **一(个)星期**, 하루 ▶ **一天**	

월·일·요일을 묻는 방법

> Jīntiān xīngqī jǐ?
> **今天 星期几?**
>
> Jīntiān xīngqī'èr.
> **今天 星期二。**

> Jīntiān jǐ yuè jǐ hào?
> **今天几月几号?**
>
> Jīntiān bā yuè qī hào.
> **今天八月七号。**

▶ 오늘은 무슨 요일입니까? | 오늘은 화요일입니다. | 오늘은 몇월 며칠입니까? | 오늘은 8월 7일입니다.

'几'는 원래 10이하의 수에 대해 질문할 때 사용하지만, 연월일을 물을 땐 모두 '几'를 사용한다. 이에 대한 대답은 '几'가 위치한 곳에 해당하는 단어로 대체하면 된다. 주의할 점은 문장에 '是'가 없다는 것이다. 중국어에서 동사와 형용사만 술어가 될 수 있는 것이 아니라 명사나 수량사도 술어가 될 수 있다. 주로 날짜, 요일, 시간, 가격 등을 나타낼 때 쓰인다. 따라서 '오늘은 토요일입니다'라는 표현은 '今天星期六。'라고 해야 한다.

3

······给······买······ …에게 …을 사주다

Wǒ 我	děi 得	gěi 给	wǒ àiren 我 爱人	mǎi 买	lǐwù. 礼物。
Xiǎo Yǔ 小雨	xiǎng 想		māma 妈妈		yīfu. 衣服。

▶ 나는 부인에게 선물을 사줘야 한다. | 샤오위는 어머님께 옷을 사드릴 생각이다.

'…에게 …을 해주다'은 '사람+给+사람+동사+명사'의 형식을 취하면 되는데, 문장에 '得'나 '想' 같은 조동사 있으면 '给'앞에 와야 한다.

4

단음절 동사	kànkan = kàn yíxià 看看=看一下 좀 보세요/좀 봅시다	wènwen = wèn yíxià 问问=问一下 좀 물어 보세요/ 좀 물어 봅시다	shìshi = shì yíxià 试试=试一下 좀 해 보세요/ 좀 해볼게요	chángchang=cháng yíxià 尝尝=尝一下 드셔 보세요/맛 좀 볼게요
이음절 동사	jièshao jièshao =jièshào yíxià 介绍介绍=介绍一下 소개 좀 해주세요/ 소개 좀 할게요	yánjiu yánjiu =yánjiū yíxià 研究研究=研究一下 연구 좀 해보세요/ 연구 좀 해볼게요	diàocha diàocha =diàichá yíxià 调查调查=调查一下 조사 좀 해보세요/ 조사 좀 해볼게요	liǎojie liǎojie=liǎojiě yíxià 了解了解=了解一下 좀 알아 보세요/ 좀 알아 볼게요

단음절 동사의 중첩형식은 'AA' 혹은 'A一下'이고, 이음절 동사의 중첩형식은 'ABAB'혹은 'AB一下'이다. 그 뜻은 위와 같다. 즉 '어떤 일을 시험삼아 좀 해보세요' 혹은 '어떤 일을 시험삼아 좀 해볼게요'이다.

말하기 연습

1 두 사람이 역할을 나누어 요일에 대한 질문과 대답을 연습해보세요

> 보 기
>
>
>
> **A:** 今天星期几? 오늘은 무슨 요일입니까?
>
> **B:** 今天星期五。 오늘은 금요일입니다.

1 회화

前天	昨天	今天	明天	后天
星期三 xīngqīsān	星期四 xīngqīsì	星期五 xīngqīwǔ	星期六 xīngqīliù	星期天 xīngqītiān

1) **A:** 明天星期几?

   B: _____ 。

2) **A:** 后天星期几?

   B: _____ 。

3) **A:** _____ ?

   B: 昨天星期四 。

4) **A:** _____ ?

   B: 前天星期三。

2 서술하기:

今天星期五，前天星期三，昨天星期四，明天星期六，后天星期天。

3 실제 상황에 맞게 서술해 보세요.

前天_____，昨天_____，今天_____，明天_____，后天_____。

2 두 사람이 역할을 나누어 날짜와 요일에 대한 질문과 대답을 연습해 보세요.

6月

星期天	星期一	星期二	星期三	星期四	星期五	星期六
						1
2	3	4	5	6	7	8
9	10	11	12	13	14	15
16	17	18	19	20	21 昨天 zuótiān	22 今天 jīntiān
23 明天 míngtiān	24 后天 hòutiān	25	26	27	28	29
30						

1) A: 明天几月几号?

   B: ＿＿＿＿＿＿＿＿＿＿＿＿＿。

2) A: ＿＿＿＿＿＿＿＿＿＿＿＿＿?

   B: 昨天六月二十一号。

3) A: 今天星期几?

   B: ＿＿＿＿＿＿＿＿＿＿＿＿＿。

4) A: 后天几月几号?

   B: ＿＿＿＿＿＿＿＿＿＿＿＿＿。

③ 두 사람이 역할을 나누어 아래의 회화를 해보세요.

보기

A: 你想给爸爸买什么?
당신은 아버님께 무엇을 사드리려고 합니까?

B: 我想给爸爸买一条领带(lǐngdài)。
저는 아버님께 넥타이를 사드리려고 합니다.

化妆品
huàzhuāngpǐn
화장품

A: 她想给妈妈买什么?

B: ＿＿＿＿＿＿＿＿＿＿＿＿＿。

花
huā
꽃

A: 他想给女朋友买什么?

B: ＿＿＿＿＿＿＿＿＿＿＿＿＿。

A: ＿＿＿＿＿＿＿＿＿＿＿＿?

B: 他想给孩子买一个娃娃。

手表
shǒubiǎo
손목시계

A: 他想给他爱人＿＿＿＿＿?

B: ＿＿＿＿＿＿＿＿＿＿＿＿＿。

그림 보고 말하기

보기 단어

钱包 qiánbāo 지갑, 围巾 wéijīn 목도리, 手提包 shǒutíbāo 핸드백

1 회화

A: 妈妈的生日是几月几号？

B: _____。

A: 明明想给妈妈买什么？

B: _____。

A: 丽丽想给妈妈买什么？

B: _____。

A: 妈妈想要什么礼物？

B: _____。

2 서술하기

今天是妈妈的生日，明明想给妈妈买一个钱包，丽丽想给妈妈买一条围巾，不过(búguò 그러나)妈妈不想要钱包，也不想要围巾，妈妈想要一个手提包。

그림 보고 말하기

1

B: 谢谢!

A: 祝你_____!

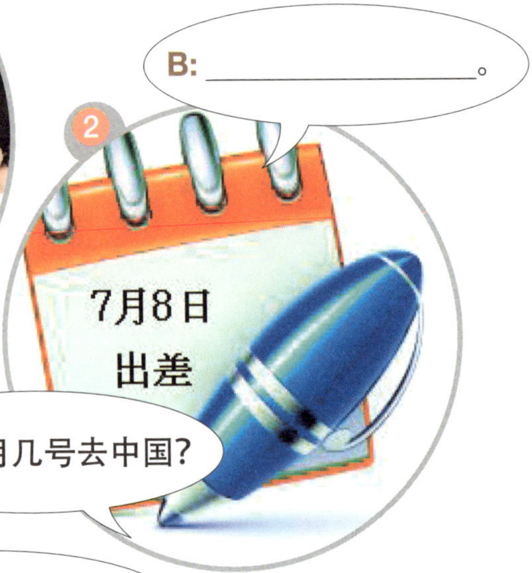

2

B: _____。

7月8日
出差

A: 他几月几号去中国?

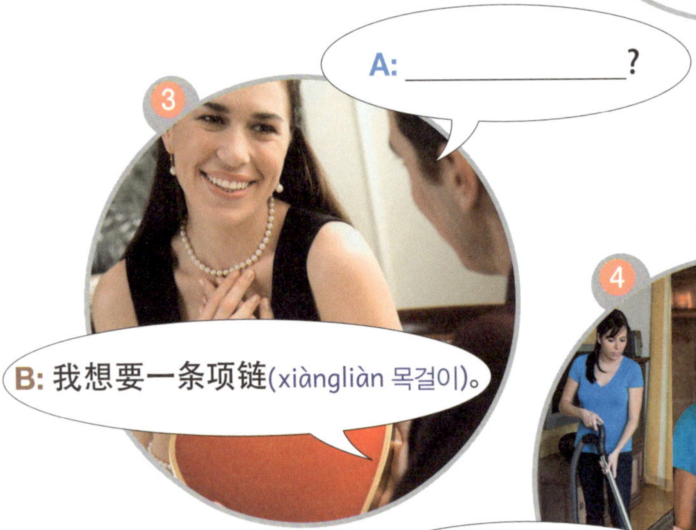

A: _____?

3

B: 我想要一条项链(xiàngliàn 목걸이)。

4

B: _____。

A: 她在家里做什么家务?

130

회화에 도전하기

1 2인 1조로 아래의 문답 연습을 하는데, 처음에는 두 사람 모두 책을 보고 하고, 두 번째는 질문하는 사람만 책을 보고 해보세요.

A: 你的生日是几月几号?

B: _____。

A: 你想要什么礼物?

B: _____。

A: 可以, 我的生日是_____。

B: 是吗? 那你想要什么礼物?

A: _____。

B: 可以。

2 제시된 단어로 아래의 문장을 완성한 다음 짝꿍과 대화를 해보세요.

1) 你想_____吗? (试试 shìshi 입어보다)

2) 你们公司中秋节(Zhōngqiūjié 중추절)休息_____? (几天 jǐ tiān 며칠)

3) 你_____? (几号 jǐ hào 며칠날)

4) 我们一起去_____。 (吧 ba …합시다)

쓰기에 도전하기

1 보기의 단어로 빈칸을 채워 보세요.

> **보기**
>
> 打开，得，星期六，给，好大夫

1) 他是个＿＿＿＿＿＿＿＿，也是个好爸爸。

2) ＿＿＿＿＿＿＿＿我们一起去看电影吧。

3) 房间里太热了，＿＿＿＿＿＿＿＿窗户(chuānghu, 창문)吧。

4) 明天我＿＿＿＿＿＿＿＿去上海出差。

5) 这是我爱人＿＿＿＿＿＿＿＿我买的生日礼物。

2 주어진 단어로 문장을 만들어 보세요.

1) 想　买　给　手提包　一个　我　我女朋友

▶ ＿＿＿＿＿＿＿＿＿＿＿＿＿＿＿＿＿＿。

2) 去　得　爸爸　看　星期天　我

▶ ＿＿＿＿＿＿＿＿＿＿＿＿＿＿＿＿＿＿。

3) 身体　你　健康(jiànkāng 건강하다)　祝

▶ ＿＿＿＿＿＿＿＿＿＿＿＿＿＿＿＿＿＿。

4) 几　月　你　来　几　号

▶ ＿＿＿＿＿＿＿＿＿＿＿＿＿＿＿＿＿＿。

5) 礼物　是　什么　看看　打开　吧

▶ ＿＿＿＿＿＿＿＿＿＿＿＿＿＿＿＿＿＿。

第十四课

我们几点见面?

기초 회화

小雨: Xiànzài jǐ diǎn?
现在 几 点?

司机: Xiàngzài qī diǎn líng wǔ fēn.
现在 七 点 零 五 分。

小雨: Wǒmen jǐ diǎn chūfā?
我们 几 点 出发?

司机: Qī diǎn bàn chūfā.
七 点 半 出发。

小雨: Jǐ diǎn huílái?
几 点 回来?

司机: Bù qīngchu.
不 清楚。

지금 몇 시입니까?

지금은 7시 5분입니다.

우리 몇 시에 출발합니까?

7시 반에 출발합니다.

몇 시에 돌아옵니까?

잘 모르겠습니다.

现在 xiànzài 몡 지금, 현재
点 diǎn 몡 (시간의) 시
零 líng 㓧 영
分 fēn 몡 (시간의)분
我们 wǒmen 때 우리
出发 chūfā 동 출발하다
半 bàn 㓧 30분, 반
大概 dàgài 뿌 아마(도), 대개
回来 huílái 동 돌아오다
清楚 qīngchu 휑 분명하다, 명백하다

실전 회화

小张: Wǒmen jǐ diǎn jiànmiàn?
我们 几 点 见面?

小王: Wǎnshang bā diǎn zěnmeyàng?
晚上 八 点 怎么样?

小张: Kěyǐ.
可以。

小王: Nà wǒmen zài nǎr jiànmiàn?
那 我们 在 哪儿 见面?

小张: Zài wǒmen gōngsī fùjìn de Xīngbākè, zěnmeyàng?
在 我们 公司 附近 的 星巴客, 怎么样?

小王: Kěyǐ, wǎnshang bā diǎn, zài Xīngbākè.
可以, 晚上 八 点, 在 星巴客。

우리 몇 시에 만날까요?

저녁 8시 어떻습니까?

괜찮습니다.

그럼 우리 어디에서 만날 까요?

우리 회사 근처의 스타벅 스가 어떻습니까?

좋습니다. 저녁 8시 스타 벅스에서.

见 jiàn 타 만나다(뒤에 목적어가 올 수 있음)
见面 jiànmiàn 자 만나다(뒤에 목적어가 올 수 없음)
怎么样 zěnmeyàng 때 어떠하냐
可以 kěyǐ 동 …해도 좋다
附近 fùjìn 명 부근, 근처
星巴客 Xīngbākè 명 스타벅스

시간의 표현법

一点 yī diǎn	两点 liǎng diǎn	三点 sān diǎn	四点 sì diǎn	五点 wǔ diǎn	六点 liù diǎn
1시	2시	3시	4시	5시	6시
七点 qī diǎn	八点 bā diǎn	九点 jiǔ diǎn	十点 shí diǎn	十一点 shíyī diǎn	十二点 shí'èr diǎn
7시	8시	9시	10시	11시	12시

'点 diǎn 시'는 시간이 구체적으로 몇 시라고 할 때 쓰는 표현이다. 따라서 '点' 앞에 숫자를 넣어 시간을 표현할 수 있는데, 주의할 점은 오후 2시는 '两点 liǎng diǎn'이라고 해야 한다.

15분	30분	45분	2시 14분	4시 8분
十五分=一刻 shíwǔ fēn=yíkè	三十分=半 sānshí fēn=bàn	四十五分=三刻 sìshíwǔ fēn=sānkè	两点十四分 liǎng diǎn shísì fēn	四点零八分 sì diǎn líng bā fēn

'分 fēn분'은 시간이 구체적으로 몇 분이라고 할 때 쓰는 표현이다. 주의할 점은 10분 미만의 시간을 표현할 때는 '分'앞에 '零 líng 영'을 넣어야 한다. 그리고 15분은 '一刻 yíkè', 30분은 '半 bàn', 45분은 '三刻 sānkè'라고도 한다.

现在几点? 지금 몇 시 입니까?

Xiànzài jǐ diǎn?
现在 几 点? 지금은 몇 시입니까?
Xiànzài liǎng diǎn èrshí fēn.
现在 两 点 二十 分。 지금은 2시 20분입니다.

'几'는 원래 10이하의 수에 대해 질문할 때 사용하지만, 시간을 물을 땐 모두 '几'를 사용한다. 이에 대한 대답은 '几'가 위치한 곳에 해당하는 단어로 대체하면 된다. 주의할 점은 문장에 '是'가 없다는 것이다. 중국어에서 동사와 형용사만 술어가 될 수 있는 것이 아니라 명사나 수량사도 술어가 될 수 있다. 주로 날짜, 요일, 시간, 가격 등을 나타낼 때 쓰인다. 따라서 '지금은 몇 시입니까?'라는 표현은 '现在几点？'이라고 해야 한다.

3

几点……? 몇 시에 ……?

Wǒmen jǐ diǎn chūfa?
我们 几 点 出发？

Wǒmen qī diǎn bàn chūfā.
我们 七点 半 出发。

jǐ diǎn jiànmiàn?
几 点 见面？

Wǎnshang bā diǎn jiànmiàn ba.
晚上 八点 见面 吧。

▶ 우리 몇 시에 출발합니까? | 우리 7시 반에 출발합니다. | 몇 시에 만날까요? | 저녁 8시에 만납시다.

'几 jǐ 몇'가 들어간 의문문에 대한 대답은 '几'가 위치한 곳에 해당하는 단어로 대체하면 된다. 참고로 중국어의 어순은 '주어+부사어+술어+목적어'이다. 시간은 일반적으로 술어동사 앞에 쓰여 부사어 역할을 한다.

주어+부사어+술어+목적어	⇨	Wǒmen qīdiǎnbàn chūfā. 我们 七点半 出发。
시간		주어 부사어 술어

4

……怎么样? ……은/는 어떻습니까?

Wǎnshang qī diǎn, zěnmeyàng?
晚上 七 点, 怎么样？

Kěyǐ.
可以。

Hánguó zěnmeyàng?
韩国 怎么样？

Hánguó fēicháng piàoliang.
韩国 非常 漂亮。

▶ 저녁 7시가 어떻습니까? | 괜찮습니다. | 한국이 어떻습니까? | 한국은 아주 아름답습니다.

'怎么样 zěnmeyàng 어떠하냐'는 여러 가지 뉘앙스를 나타낼 수 있다. '……하는 게 어떠하냐?'라는 뜻을 나타낼 때는 간단하게 '可以 kěyǐ 괜찮습니다'라고 대답하면 되고, '(사람/사물)이 어떠하냐?'라는 뜻을 나타낼 때는 구체적으로 대답해야 한다.

말하기 연습

1 두 사람이 역할을 나누어 시간에 대한 질문과 대답을 연습해보세요.

> 보기
>
> **A: 现在几点?** 지금 몇 시 입니까?
>
> **B: 现在三点四十五分。** 지금 3시 45분입니다.

1)

2)

3)

4)

2 그림을 보고 몇 시에 무엇을 하는지 말해보세요.

> 보기
>
>
>
> **九点他去银行。** 9시에 그는 은행에 간다.

1)

kàn diànyǐng
看 电影
영화를 보다

_____她去_____。

2)

jiàn péngyou
见 朋友
친구를 만나다

_____她去_____。

③ '几点, 몇 시'를 이용한 회화를 연습해보세요.

> **보기**
>
> **A: 银行几点开门?**   은행은 몇 시에 문을 엽니까?
>
> **B: 银行九点开门。**   은행은 9시에 문을 엽니다.

kāi
开
(기차 등이)떠나다

guān
关门
문을 닫다

A: 火车几点开?

B: _____。

A: 百货商店_____关门?

B: 百货商店八点关门。

④ '怎么样, 어떠하냐'를 이용한 회화를 연습해보세요.

> **보기**
>
> **A: 你们汉语老师怎么样?**   당신의 중국어 선생님은 어떻습니까?
>
> **B: 我们汉语老师非常好。**   저희 중국어 선생님은 아주 좋습니다.

A: _____?

B: 你的衣服非常漂亮。

A: 明天晚上怎么样?

B: _____。

그림 보고 말하기

1 회화

A: 小明几点起床?

B: _____。

A: 小明几点上班?

B: _____。

A: 小明几点吃午饭?

B: _____。

A: 小明几点下班?

B: _____。

A: 小明几点睡觉?

B: _____。

2 서술하기

小明六点起床，八点上班，中午十二点吃午饭，六点下班，晚上十一点半睡觉。

1　B: _____。

A: 他几点睡觉？

2　B: _____。

A: 现在几点？

3　B: 在我们公司附近见面吧。

A: _____？

4　B: 不清楚。

A: 你_____回家？

회화화 쓰기에 도전하기

① 2인 1조로 아래의 문답 연습을 하는데, 처음에는 두 사람 모두 책을 보고 하고, 두 번째는 질문 하는 사람만 책을 보고 해보세요.

A: 现在几点?

B: _____。

A: 你几点回家?

B: _____。

A: 回家以后(yǐhòu 이후)你做什么?

B: _____。

A: 你几点吃晚饭?

B: _____。

A: 你几点睡觉?

B: _____。

② 보기의 단어로 빈칸을 채워 보세요.

> **보기**
>
> 现在, 几, 回来, 那, 见面

1) 我大概九月六号_____。

2) 不想吃面包, _____你想吃什么?

3) _____的孩子都很聪明(cōngming 총명하다)。

4) 你星期_____在家?

5) 我们星期六下午两点_____吧。

第十五课

你去中国做什么?

기초 회화

辛闵: Nǐ qù nǎr?
你 去 哪儿?

당신은 어디에 가십니까?

英男: Wǒ qù Zhōngguó.
我 去 中国。

중국에 갑니다.

辛闵: Nǐ qù Zhōngguó zuò shénme?
你 去 中国 做 什么?

중국에 무엇을 하러 가십니까?

英男: Wǒ qù Zhōngguó chūchāi.
我 去 中国 出差。

중국에 출장 갑니다.

辛闵: Nǐ yí ge rén qù ma?
你 一 个 人 去 吗?

당신 혼자서 가십니까?

英男: Wǒ gēn wǒmen kēzhǎng yìqǐ qù.
我 跟 我们 科长 一起 去。

저희 과장님이랑 같이 갑니다.

中国 Zhōngguó 몡 중국
出差 chūchāi 동 출장 가다
一个人 yí ge rén 혼자서
科长 kēzhǎng 몡 과장
跟……一起 gēn...yìqǐ …와 함께

144

老婆: 老公，　明天　我们　怎么 去?
Lǎogōng, míngtiān wǒmen zěnme qù?

老公: 开车 去 吧。
Kāichē qù ba.

老婆: 周末　塞车, 还是 坐 火车 去 吧。
Zhōumò sāichē, háishi zuò huǒchē qù ba.

老公: 孩子 太 小, 坐　火车 不　方便。
Háizi tài xiǎo, zuò huǒchē bù fāngbiàn.

老婆: 那 坐 飞机 吧。
Nà zuò fēijī ba.

老公: 飞机票 太 贵 了,　还是 开 车 去 吧。
Fēijīpiào tài guì le, háishi kāi chē qù ba.

여보, 내일 우리 어떻게 갈까요?

운전해서 갑시다.

주말에 차가 막히니 기차를 타고 가는 것이 좋을 것 같은데요.

아이가 너무 어려 기차를 타면 불편합니다.

그럼 비행기타고 갑시다.

비행기표가 너무 비싸요. 그냥 운전해서 가는 게 좋을 것 같네요.

老公 lǎogōng ⑲ 남편
怎么 zěnme ㉑ 어떻게
开车 kāichē ⑧ 운전하다
塞车 sāichē ⑧ 차가 막히다
还是……吧 háishi……ba …하는 편이 (더) 좋다
坐 zuò ⑧ (교통 도구를) 타다
火车 huǒchē ⑲ 기차, 열차
小 xiǎo ⑱ 작다, 어리다
方便 fāngbiàn ⑱ 편리하다
飞机 fēijī ⑲ 비행기
票 piào ⑲ 표, 티켓
贵 guì ⑱ 비싸다

문형 익히기

1

你去……做什么? ……에 무엇을 하러 가십니까?

Nǐ 你		Zhōngguó 中国
Tā 他	qù 去	jīchǎng 机场
Māma 妈妈		shāngdiàn 商店

zuò shénme?
做 什么?

▶ 당신은 중국에 무엇을 하러 가십니까? | 그는 공항에 무엇을 하러 가십니까? | 어머님은 상점에 무엇을 하러 가십니까?

두 개의 동작이 연이어 발생하는 경우 먼저 발생한 동작을 앞에 위치하고, 나중에 발생한 동작은 뒤에 위치한다. 이러한 문장을 연동문이라고 한다. 예컨대 '난 중국에 출장 간다'에서 첫 번째 동작은 '去中国 qù Zhōngguó'이고, 두 번째 동작은 '出差 chūchāi'이다. 따라서 '我去中国出差。 Wǒ qù Zhōngguó chūchāi.'라고 표현해야 한다. 이 문장을 의문문으로 바꾸면 '你去中国做什么? Nǐ qù Zhōngguó zuò shénme?'이다.

2

跟……一起去……。 ……와 함께……하러 가다.

Wǒ 我		kēzhǎng 科长
Tā 他	gēn 跟	péngyou 朋友

yìqǐ qù
一起去

chūchāi.
出差。

lǚxíng.
旅行。

▶ 나는 과장님과 함께 출장 간다. | 그는 친구와 함께 여행 간다.

위에서 언급한 바와 같이 연동문의 어순은 동작 발생순이기 때문에 '출장 가다'는 '去出差'로, '여행 가다'는 '去旅行'으로, 표현해야 한다.

3

怎么…… 어떻게……

Wǒmen 我们		qù? 去?
Zhè ge zì 这 个 字	zěnme 怎么	niàn? 念?
Háizi 孩子		bàn? 办?

▶ 우리 어떻게 갈까요? | 이 글자는 어떻게 읽습니까? | 아이는 어떻게 하죠?

의문 대사 '怎么'가 '왜'란 뜻을 나타낼 때는 이유를 물을 때 사용하고, '어떻게'란 뜻을 나타낼 때는 방식을 물을 때 사용한다.

4

还是……吧。 ……하는 것이 좋을 것 같다.

Wǒmen 我们		zuò 坐	huǒchē 火车	
Nǐ 你	háishi 还是	yí ge rén 一个人	lái 来	ba. 吧。
Wǒmen 我们		míngtiān 明天	jiànmiàn 见面	

▶ 기차를 타고 가는 것이 좋을 것 같습니다. | 당신 혼자서 오는 것이 좋을 것 같습니다. | 우리 내일 만나는 것이 좋을 것 같습니다.

'还是…吧'는 여러 가지 상황을 비교한 다음, 그 중 최선책을 제안할 때 사용한다. 예컨대 부산에 갈 때 기차를 타고 가는 것, 고속버스를 타고 가는 것, 그리고 자가용으로 가는 것 등 여러 가지 상황을 비교한 다음, 그 중 최선책 즉 '자가용으로 가는 것이 좋을 것 같다'라고 할 때 사용한다.

말하기 연습

1 '做什么, 무엇을 하느냐'를 이용한 회화를 연습해보세요

보기

A: 你去中国做什么?　중국에 무엇을 하러 가십니까?
B: 我去中国学习汉语。　중국에 중국어 공부하러 갑니다.

A: 你去书店做什么?

B: _____。

A: _____?

B: 我去美国留学。

2 '跟…一起, …와 함께'를 이용한 회화를 연습해보세요.

보기

A: 你跟谁一起去出差?　당신은 누구와 함께 출장가십니까?
B: 我跟我们科长一起去出差。　저희 과장님과 함께 출장갑니다.

A: 她跟谁一起去买衣服?

B: _____。

A: 他跟谁_____?

B: _____。

3 '怎么, 어떻게'를 이용한 회화를 연습해보세요.

A: 我们怎么去? 우리 어떻게 갈까요?

B: 我们坐船(zuò chuán)去吧。 우리 배타고 갑시다.

zuò fēijī
坐 飞机

zuò huǒchē
坐　火车

kāi chē
开　车

qí zìxíngchē
骑 自行车
자전거를 타다

4 '还是…吧, …하는 것이 좋을 것 같다'를 이용한 회화를 연습해보세요.

我们还是坐飞机 吧。
우리 비행기를 타고 가는 것이 좋을 것 같습니다.

píjiǔ
啤酒 맥주

xīcān
西餐 양식

我们＿＿＿＿＿＿吧。

我们＿＿＿＿＿＿吧。

그림 보고 말하기

회화

A: 他坐飞机来吗?

B: _____。

A: 他一个人来吗?

B: _____。

A: 他来韩国做什么?

B: _____。

A: 他们喜欢吃韩国菜吗?

B: _____。

B: _____。

① A: 他去哪儿?

② B: _____。

A: 你一个人去吗?

③ B: 我去机场接人(jiērén사람을 마중하다)。

A: _____?

④ B: _____。

A: 坐公共汽车方便吗?

회화에 도전하기

1 2인 1조로 아래의 문답 연습을 하는데, 처음에는 두 사람 모두 책을 보고 하고, 두 번째는 질문하는 사람만 책을 보고 해보세요.

A: 每天上班的时候, 你坐地铁还是公共汽车?

B: _____。

A: 每天中午你跟谁一起吃饭?

B: _____。

A: 坐地铁上班方便吗?

B: _____。

A: 你一般在哪儿吃晚饭?

B: _____。

2 제시된 단어로 아래의 문장을 완성한 다음 짝꿍과 대화를 해보세요.

1) 你_____? (哪儿)

2) 你去_____? （做什么）

3) 你_____? （一个人）

4) 明天我们_____? （怎么）

5) 你_____? （跟谁）

쓰기에 도전하기

1 보기의 단어로 빈칸을 채워 보세요.

> **보기**
>
> 太，方便，还是，塞车，一个人

1) 平时(píngshí 평소)不塞车，周末_____。

2) _____去没有意思，你跟我一起去吧。

3) 我家在易买得(Yìmǎidé 이마트)旁边，买东西非常_____。

4) 今天_____累了，明天去吧。

5) 我们_____坐地铁去吧。

2 '怎么'의 두 가지 뜻 즉 '왜'와 '어떻게'로 문장을 만들어 보세요.

> **보기**
>
> "怎么 왜" ☞   **A:** 你怎么不吃饭啊?
> **B:** 我不饿。
> "怎么 어떻게"   **A:** 我们怎么去?
> **B:** 我们开车去。

1) "怎么 왜"   **A:** _____?

　　　　　　　 B: _____。

2) "怎么 어떻게"   **A:** _____?

　　　　　　　 B: _____。

연습문제
답안

1과 성모

bo, po, mo, fo,
de, te, ne, le,
ge, ke, he
ji, qi, xi
zi, ci, ci
zhi, chi, shi, ri

2과 운모

yi, wu, yu
ya, ye, yao, iu=you,
yan, yang, yong, yin, ying
wa, wo, wai, wan, wang
ui=wei, un=wen, weng

4과 안녕하세요!

● 말하기 연습

① 你们好! 你好!
② 李科长　李老师，您好!
③ 辛苦了! 辛苦了!
④ 再见!　明天见!

● 그림 보고 말히기

你好!　　你好!　你也辛苦了!　明天见!

5과 중국어 어렵습니까?

● 말하기 연습

②我很冷。 汉语难吗?
③她不胖。 衣服干净吗?

그림 보고 말하기

爸爸很胖。妈妈很瘦。哥哥很高。姐姐很漂亮。
好久不见了! 我家不太远。衣服漂亮吗。苹果很大。

회화에 도전하기

① 我们汉语老师不胖。非常漂亮。很有意思。真的。

쓰기에 도전하기

1) 很, 忙
2) 吗
3) 不
4) 很
5) 很, 不太

6과 오렌지 주스를 주세요.

말하기 연습

① 我要桔子。 你要红茶吗?
② 我要电脑。 你要什么?

그림 보고 말하기

① 去喝啤酒, 好吗?
② 要咖啡。
③ 你要什么?
④ 我要去银行。

● 쓰기에 도전하기

1) 一起
2) 也
3) 不
4) 吧
5) 要

7과 이것은 무엇입니까?

● 말하기 연습

① 这是衣服。 什么？ 是。 这是电脑。 那是电话。
② 我。 他是我弟弟。 雨伞。 衣服， 谁的衣服？

● 그림 보고 말하기

他不是警察， 他是大夫。 这是我的手机。 我不是公司职员， 我是大夫。 这是英语书。

● 쓰기에 도전하기

1) 这是谁的衣服？
2) 这是我的手机。
3) 她不是我姐姐， 她是我妹妹。
4) 他也是公司职员。
5) 那是什么花？

8과 당신의 집은 어디입니까?

● 말하기 연습

① 钥匙在桌子上。 垃圾桶在哪儿？
② 我不在书店买书。 你在百货商店买衣服吗？

● 그림 보고 말하기

桌子上边。沙发下边。沙发旁边。
他在书店工作。我在公司食堂吃午饭。银行在百货商店旁边。我在新村换车。

● 쓰기에 도전하기

1) 在
2) 一般
3) 旁边
4) 不
5) 在哪儿

9과 당신의 집은 몇 식구입니까?

● 양사랑 친해지기

① 件
② 条
③ 个
④ 张
⑤ 辆
⑥ 支
⑦ 套
⑧ 把
⑨ 张

● 말하기 연습

① 你有哥哥吗？我有哥哥。你有中韩词典吗？我没有中韩词典。
② 桌子上有一杯水。什么？
③ 四口人。几个人？

● 그림 보고 말하기

房间里有三个人。两个男的，一个女的。桌子上有汉语书、面包和饮料。电视机上有一个闹钟。

他家有四口人。办公室里有桌子和椅子。我想喝咖啡。他有两个孩子。

● 쓰기에 도전하기

① 1) 也
2) 有
3) 没
4) 只
5) 羡慕

② 1) 在
2) 在
3) 有，有
4) 有
5) 在
6) 有
7) 在
8) 有，有

10과 당신은 올해 나이가 어떻게 되십니까?

● 말하기 연습

② 她25岁。他多高？
③ 我想买这条裙子。你想买哪本书？

● 그림 보고 말하기

认识你我也很高兴。你们汉语老师是哪国人？我女儿今年十三岁。我想买这个手机。

● 쓰기에 도전하기

① 1) 哪儿
   2) 什么
   3) 那
   4) 哪
   5) 谁

② 1) 我认识你们汉语老师。
   2) 你爸爸做什么工作?
   3) 你妈妈今年多大?
   4) 这件衣服真漂亮!
   5) 你的朋友叫什么名字?

11과 이번 주말에 스키 타러 가실겁니까?

● 말하기 연습

③ 我跟朋友一起去。你跟谁一起去旅行?
④ 洗衣服? 谁给你

● 쓰기에 도전하기

1) 高兴
2) 认识
3) 打算
4) 得
5) 约会
6) 给

12과 운동을 좋아하십니까?

● 말하기 연습

③ 老师好像在教室里。我妈妈好像知道。
④ 我也不知道。 我想结婚，可是没有女朋友。

● 그림 보고 말하기

小猫喜欢吃鱼，兔子喜欢吃草，小狗喜欢吃肉，我喜欢吃蔬菜和水果。
她喜欢打扫房间。我也不知道。妈妈在哪儿？真的吗？我也很喜欢他。

● 회화에 도전하기

② 1) 说
　 2) 做家务
　 3) 好像
　 4) 怎么
　 5) 不可能

13과 생일 축하합니다!

● 말하기 연습

① 1) 明天星期六。
　 2) 后天星期天。
　 3) 昨天星期几？
　 4) 前天星期几？

② 1) 明天六月二十三号。
　 2) 昨天几月几号？
　 3) 今天星期六。
　 4) 后天六月二十四号。

③ 她想给妈妈买化妆品。
　 他想给女朋友买花。
　 她想给孩子买什么？
　 买什么？他想给爱人买手表。

● 그림 보고 말하기

妈妈的生日是十月十五号。明明想给妈妈买一个钱包。丽丽想给妈妈买一条围巾。妈妈想要一个手提包。

生日快乐！他七月八号去中国。你想要什么礼物?。她在家里做饭、打扫房间和洗衣服。

● 쓰기에 도전하기

① 1) 好丈夫

   2) 星期六

   3) 打开

   4) 得

   5) 给

② 1) 我想给我女朋友买一个手提包。

   2) 星期天我得去看爸爸。

   3) 祝你身体健康。

   4) 你几月几号来?

   5) 是什么礼物? 打开看看吧。

14과 우리 몇 시 만날까요?

● 말하기 연습

① 1) 现在两点二十分。

   2) 现在八点五十分。

   3) 现在八点一刻。

   4) 现在十点零五分。

② 1) 两点十分，看电影。

   2) 八点半，见朋友。

③ 火车七点半开。几点

④ 我的衣服怎么样？明天晚上可以。

● 그림 보고 말하기

小明六点起床。八点上班。中午十二点吃午饭。六点下班。晚上十一点半睡觉。
他十二点睡觉。现在十点十分。我们在哪儿见面？几点

● 쓰기에 도전하기

② 1) 回来
2) 那
3) 现在
4) 几
5) 见面

15과 **중국에 무엇을 하러 갑니까?**

● 말하기 연습

① 我去书店买书。你去美国做什么？
② 她跟她朋友一起去买衣服。一起去旅行？他跟他朋友一起去旅行。
④ 还是喝啤酒。还是吃西餐。

● 그림 보고 말하기

是的，他坐飞机来。不，他跟他爱人和孩子一起来。他来韩国旅游。他们喜欢吃
韩国菜。
他去银行。不，我跟朋友一起去。你去机场做什么？坐公共汽车不太方便。

● 쓰기에 도전하기

1) 塞车
2) 一个人
3) 方便
4) 太
5) 还是